Leon
Müeer
5e

Tierlexikon
für Kinder

Für die englische Originalausgabe:
© Kingfisher Publications Plc
All rights reserved

Genehmigte Sonderausgabe für den Buch und Zeit Verlag, Köln
Alle Rechte vorbehalten
Deutsch von Eva und Hans-Jürgen Schweikart
ISBN 3-8166-1129-X

Dein Lexikon

In diesem Buch erfährst du jede Menge Erstaunliches und Spannendes aus der Welt der Tiere. Die Themen sind nach dem ABC geordnet und im Inhaltsverzeichnis auf den nächsten beiden Seiten aufgelistet. Doch zunächst erklären wir dir, wie du das Lexikon richtig benutzt.

◁ Zu jedem Bild gehört ein bestimmter Text. Die Pfeile am Textanfang zeigen dir, zu welchem Bild der betreffende Text gehört.

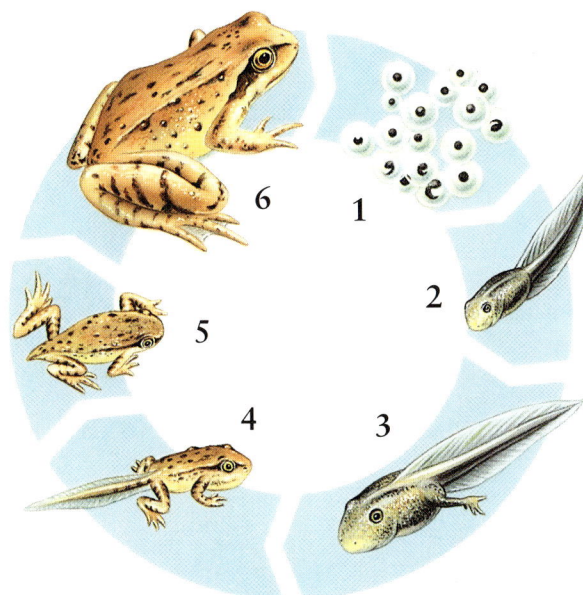

◁ Manche Abbildungen bestehen aus mehreren Einzelbildern. Achte auf die Nummern, damit du sie in der richtigen Reihenfolge betrachtest.

▽ Schritt-für-Schritt-Anleitungen haben ebenfalls Nummern.

Infokasten
• Diese Kästen stecken voller wichtiger Zahlen, Fakten und Informationen.

▷ Manche Bilder haben Einzelbeschriftungen. Wenn du bei diesem Beispiel den Linien folgst, weißt du, wie die Körperteile des Pferdes heißen.

Zum Weiterlesen
Wenn du mehr über ein Thema wissen möchtest, zeigt dir diese Liste, unter welchen Stichworten du noch nachlesen kannst.

Inhalt

Aal	6
Adler	7
Affe	8
Albatros	9
Ameise	10
Ameisenbär	11
Amphibien	12
Anakonda	13
Antilope	14
Bär	15
Biber	16
Biene und Wespe	17
Bison	18
Büffel	19
Chamäleon	20
Dachs	21
Delfin	22
Echse	23
Eichhörnchen	24
Eisbär	25

Elch	26
Elefant	27
Ente und Gans	28
Erdferkel	29
Erdmännchen	30
Esel	31
Eule	32
Evolution	33
Faultier	34
Fische	35
Flamingo, Storch und Reiher	36
Fledermaus	37
Fliege	38
Flusspferd	39
Fortpflanzung	40
Frosch und Kröte	41
Fuchs	42
Garnele	43
Geier	44
Gepard	45
Giraffe	46
Goldfisch und Karpfen	47
Gorilla	48
Gürteltier	49
Hai	50
Hamster und Meerschweinchen	51
Hase und Kaninchen	52
Heuschrecke	53
Huhn	54
Hummer	55
Hund (Haushund)	56
Hund (Wildhund)	57
Hyäne	58
Igel	59
Insekten	60
Käfer	61
Kamel	62
Känguru	63
Katze (Hauskatze)	64
Katze (Wildkatze)	65
Kiwi	66
Klapperschlange	67
Kleinstlebewesen	68
Koala	69
Kobra	70
Kolibri	71
Korallenriff	72
Krebs	73
Krokodil und Alligator	74
Lachs und Forelle	75
Lama	76
Lebensraum	77
Leguan und Waran	78
Lemur	79
Leopard	80

Libelle	81
Löwe	82
Maulwurf	83
Maus	84
Meeresvögel	85
Molch	86
Mörderwal	87
Möwe	88
Muscheln	89
Nahrung	90
Nashorn	91
Orang-Utan	92
Otter	93
Panda	94
Papagei	95
Papageientaucher	96
Pavian	97
Pelikan	98
Pfau	99
Pferd	100
Pinguin	101
Plattfische	102
Puma	103
Qualle	104
Ratte	105
Rentier	106
Reptilien	107
Rind	108
Robbe und Seelöwe	109
Rochen	110
Rothirsch	111
Säugetiere	112
Schaf	113
Schildkröte	114
Schimpanse	115
Schmetterling	116
Schnabeltier	117
Schnecke	118
Schwalbe	119
Schwan	120
Schwein	121
Schwertfisch	122
Seekuh	123
Seepferdchen	124
Seeschwalbe	125
Seestern	126
Skorpion	127
Sperling	128
Spinne	129
Stachelschwein	130
Stinktier	131
Strauß	132
Tarantel	133
Tarnung	134
Taube	135
Tausendfüßer	136
Tiefseefische	137
Tierkinder	138
Tierschutz	139
Tierwanderungen	140
Tiger	141
Tintenfisch und Krake	142
Tukan	143
Verständigung	144
Verteidigung	145
Vögel	146
Wal	147
Walross	148
Waschbär	149
Wiesel	150
Wolf	151
Wurm	152
Yak	153
Zebra	154
Ziege	155
Worterklärungen	156
Register	157

Aal

Aale könnte man für Schlangen halten. In Wirklichkeit sind sie Fische, die sich ihrem Lebensraum hervorragend angepasst haben. Sie haben Flossen, die über die gesamte Länge des Rückens verlaufen.

▷ Die Muräne wird bis zu 3 m lang. Tagsüber versteckt sie sich in Höhlen, nachts sucht sie nach Muscheln. Sie beißt sofort zu, wenn sie gestört wird. Manche Muränen sind giftig.

▽ Süßwasseraale schwimmen tausende von Kilometern zur Sargassosee in der Nähe der Bermuda-Inseln, um dort zu laichen und anschließend zu sterben. Die geschlüpften Jungaale werden von einer Meeresströmung (dem Lorenzstrom) nordwärts getrieben und erreichen nach etwa drei Jahren wieder die Flüsse, aus denen ihre Eltern kamen.

Infokasten
- Junge Aale nennt man auch Glasaale.
- Aale leben sowohl im Meer als auch im Süßwasser.
- Aale können kurze Strecken über feuchtes Grasland kriechen, z.B. wenn sie in ein anderes Gewässer gelangen wollen.
- Aale gibt es auf der ganzen Welt.

△ Der Zitteraal lebt in südamerikanischen Flüssen. Er betäubt kleinere Fische mit einem starken elektrischen Stromstoß und kann auch Menschen gefährlich werden.

Zum Weiterlesen
Goldfisch und Karpfen
Muscheln
Plattfisch
Rochen

Adler

Mächtige Schwingen, scharfe Augen und kräftige, gekrümmte Klauen machen Adler zu ausgezeichneten Jägern. Mit dem scharfen Schnabel schlitzen sie erlegte Beute mühelos auf. Adler leben in fast allen Gegenden der Welt, von der Arktis bis in die Tropen. Sie vertilgen auch die Überreste toter Tiere.

◁ Der Steinadler (links) und der Seeadler sind am weitesten verbreitet. Sie kommen in Europa und Nordasien vor. Wie die meisten Adler nisten sie an steilen Felsen und ziehen ein oder zwei Junge groß.

△ Der Weißkopfadler lebt an Seen und Flüssen sowie an der Küste. Sein Kopf ist im Gegensatz zum braun gefiederten Körper völlig weiß. Er ist das Wappentier der USA.

Infokasten
- Weil Adler Kraft und Macht ausstrahlen, wählt man sie gern als Wappentier.
- Adler bleiben lebenslang bei ihrem Partner und suchen jedes Jahr wieder das gleiche Nest auf.

▷ Harpyien sind die größten Adler der Welt. Sie leben in den Urwäldern Mittel- und Südamerikas, wo sie Jagd auf Faultiere, Papageien und Affen machen. Ihre Fänge sind so groß wie Menschenhände!

Zum Weiterlesen
Eule
Geier
Meeresvögel
Vögel

Affe

Affen sind intelligente Säugetiere, die Gegenstände greifen und selbstständig Probleme lösen können. Sie leben in den tropischen Wäldern Afrikas, Amerikas und Asiens. Affen fressen Pflanzen, Vogeleier, Kleintiere und Insekten. Sie leben in Horden.

△ Die Augen von Affen sind nach vorn gerichtet. Dies kommt ihnen beim Jagen und Springen zugute.

△ Die Brüllaffen in Südamerika sind geschickte Kletterer. Ihren Schwanz benutzen sie als zusätzliche Hand, wenn sie sich von Ast zu Ast schwingen. Typischerweise brüllen sie laut, um andere Affen aus ihrem Revier zu verjagen. Man hört sie 3 km weit. Brüllaffen-Horden werden von einem alten Männchen geführt.

▷ Das Kapuzineräffchen lebt im südamerikanischen Amazonas-Urwald. Es ist ein sehr neugieriges Tier, deshalb kann man ihm allerlei Kunststücke beibringen.

▽ Wie die Nasenaffen auf Borneo zu ihrem Namen kamen, ist nicht schwer zu erraten. Mit ihrem langen Schwanz halten sie das Gleichgewicht.

Infokasten
- Viele Affen haben einen Schwanz, die Menschenaffen aber nicht.
- Affen bekommen meist nur ein Junges, selten zwei.
- Affen verständigen sich untereinander mit Lauten und Gebärden.

Zum Weiterlesen
Gorilla
Lemur
Orang-Utan
Pavian
Schimpanse

Albatros

Albatrosse sind die größten aller Meeresvögel. Sie leben in den kalten Gegenden der Südhalbkugel und ernähren sich hauptsächlich von Fischen. Mit ihren großen Flügeln können Albatrosse lange Strecken gleiten und in einem einzigen Flug über den Ozean 15 000 km zurücklegen.

△ Der Albatros hat mit fast 4 m Spannweite die längsten Flügel aller Vögel. Oft gleitet er, ohne mit den Flügeln zu schlagen, dicht über den Wellen und nutzt dabei den Aufwind. Sein Flugbild ist unverwechselbar.

▽ Albatrosse halten sich an Land nur auf, um ihre Jungen großzuziehen. Sind die Jungvögel zehn Monate alt, verlassen sie ihre Heimatinsel und leben über dem Meer.

Infokasten

- Der Albatros bebrütet seine Eier 80 Tage – länger als alle anderen Vögel.
- Albatrosse fangen Tintenfische.
- Albatrosse können in 12 Stunden bis zu 800 km weit fliegen.

Zum Weiterlesen
Meeresvögel
Möwe
Papageientaucher
Pinguin
Vögel

Ameise

Ameisen und Termiten sind Staaten bildende Insekten. Jeder Staat hat eine Königin, die Eier legt. Von den vielen tausend anderen hat jede ihre Aufgabe: Manche sind Soldaten und bewachen das Nest, Arbeiter sammeln Nahrung und halten das Nest sauber.

△ Im Grasland gibt es Termitenhügel, die bis zu 7 m hoch sind. Termiten ernähren sich von Pflanzen, aber auch von einem Pilz, den sie in ihrem Hügel züchten.

▽ Im Nest der Blattschneiderameisen wächst ein Pilz, den die Ameisen mit Blattstückchen füttern, damit er seinerseits Zucker als Nahrung für sie produziert.

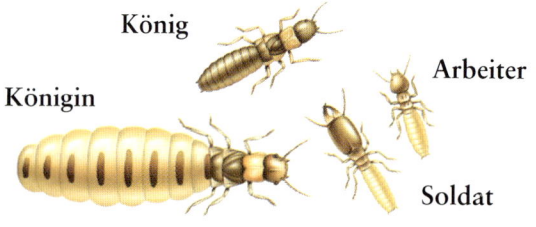

◁ Die Königin eines Termitenstaats legt pro Tag rund 30 000 Eier. Sie wird bis zu 11 cm lang. Der König wird 2 cm lang, Soldaten und Arbeiter nur halb so groß.

▷ Wanderameisen bilden gigantische Schwärme, die bis zu 12 m breit sein können. Sie erbeuten Insekten und andere Kleinlebewesen. Die Arbeiter tragen die Beute zum Nest, während die Soldaten Wache halten. Termiten haben einen weicheren Körper und eine breitere Taille als Ameisen.

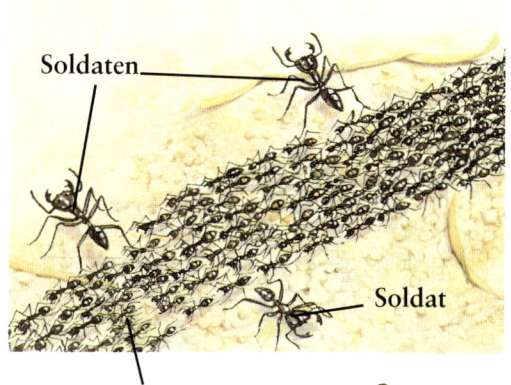

◁ Ameisen bauen ihre Nester nicht so hoch wie Termiten. Im Innern gibt es Kammern, in denen sich die Eier, die „Kinderstube" für geschlüpfte Ameisen und auch Nahrungsvorräte befinden.

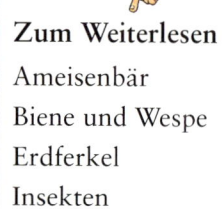

Zum Weiterlesen
Ameisenbär
Biene und Wespe
Erdferkel
Insekten

Ameisenbär

Der Ameisenbär ist ein Säugetier. Seine Heimat ist Süd- und Mittelamerika. Seine röhrenförmige Schnauze sieht recht merkwürdig aus, doch sie ist überaus nützlich, wenn er Ameisennester aufgräbt, um mit der klebrigen Zunge die schmackhaften Ameisen aufzulecken.

△ Der Zwergameisenbär spürt Termiten in Baumnestern auf. Mit seinem langen Greifschwanz hält er das Gleichgewicht, während er in wenigen Minuten Tausende von Termiten verspeist.

▷ Der Große Ameisenbär kommt nur langsam vorwärts. Er geht auf den Knöcheln, damit die Krallen zum Graben scharf bleiben. Ein junger Ameisenbär wird von der Mutter ein Jahr lang auf dem Rücken getragen.

◁ Der Zwergameisenbär lebt in den Bäumen des Regenwalds. Außer ihm gibt es nur noch eine weitere Art, die nicht am Boden lebt. Er schläft tagsüber und geht nachts auf Beutefang.

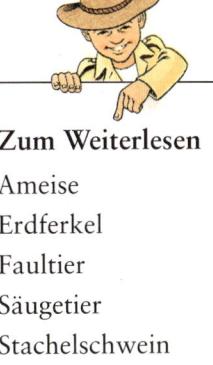

Zum Weiterlesen
Ameise
Erdferkel
Faultier
Säugetier
Stachelschwein

Amphibien

Amphibien sind Wirbeltiere, die sowohl im Wasser als auch an Land leben. Dazu gehören Frösche, Kröten, Molche und Blindwühlen. Sie sind, außer in der Antarktis, auf der ganzen Welt zu finden, vor allem in warmen Gegenden.

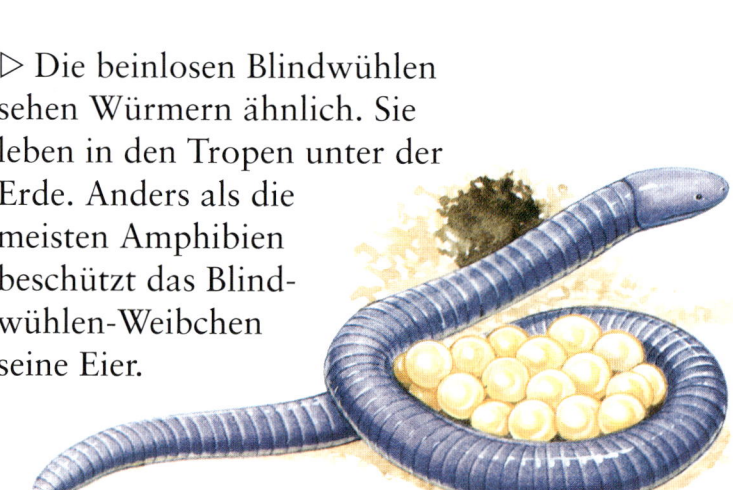

△ Molche sehen mit ihrem langen Schwanz und den kurzen Beinen ein wenig wie Eidechsen aus. Aber sie haben keine Schuppen und ihre Haut ist feucht.

△ Erwachsene Frösche und Kröten haben vier Beine, aber keinen Schwanz. Manche Frösche blasen ihren Kehlsack auf und locken mit lautem Quaken Weibchen an.

▷ Die beinlosen Blindwühlen sehen Würmern ähnlich. Sie leben in den Tropen unter der Erde. Anders als die meisten Amphibien beschützt das Blindwühlen-Weibchen seine Eier.

◁ **1** Mit einem selbst gebauten Tümpel kannst du Frösche und Molche in den Garten locken. Du brauchst dazu eine Plastikschüssel, etwas Sand, Wasserpflanzen und ein paar Steine unterschiedlicher Größe.

◁ **2** Als Erstes gräbst du in einer Ecke des Gartens ein Loch und stellst die Plastikschüssel hinein. Dann bedeckst du den Boden der Schüssel mit Sand und legst die Steine hinein. Nun verteilst du die Pflanzen in der Schüssel und füllst Wasser ein. Bald werden sich die ersten Besucher einstellen.

Zum Weiterlesen
Echse
Fische
Fortpflanzung
Frosch und Kröte
Molch

Anakonda

Die Anakonda ist eine der größten Schlangen der Welt. Sie wiegt bis zu 100 kg – so viel wie ein ausgewachsenes Schwein. Ihre Heimat sind die Urwälder Südamerikas, wo sie auf Bäumen und im Wasser Beute jagt.

△ Diese Anakonda ist noch ziemlich klein. Erwachsene Tiere können einen Umfang wie deine Taille haben und werden bis zu 5 m lang.

▽ Die Anakonda lähmt ihre Beute nicht mit Gift, sondern drückt sie mit ihren Riesenkräften zu Tode. Anakondas jagen kleine Säugetiere und Vögel, aber auch größere Beutetiere, wie den Sumpfbiber, der in und am Wasser lebt. Eine solche Mahlzeit reicht der Riesenschlange einen ganzen Monat.

◁ Schlangenhaut ist nicht dehnbar wie Menschenhaut, darum muss die Anakonda sich regelmäßig häuten. Ist sie ein Stück gewachsen, streift sie ihre Haut ab, indem sie sich an einem Ast reibt. Die neue Haut darunter ist stark glänzend.

Zum Weiterlesen
Klapperschlange
Kobra

Antilope

Antilopen weiden auf den ausgedehnten Ebenen Afrikas und Asiens. Es gibt viele verschiedene Antilopenarten, vom Kleinstböckchen mit 25 cm Schulterhöhe bis zur Elen-Antilope, die 1,75 m groß wird. Alle Antilopen sind schnell und wendig. Die Männchen, und bei manchen Arten auch die Weibchen, haben gebogene Hörner.

▽ Die Mendesantilope mit ihren langen gewundenen Hörnern ist eine seltene Art. Sie lebt in der Sahara. Dank ihrer breiten Hufe kommt sie im Sand gut voran.

◁ Die bekannteste Antilope in Ostafrika ist das Gnu. Riesige Herden aus bis zu 500 000 Tieren folgen dem Regen und durchstreifen die Savannen auf der Suche nach saftigem Weideland.

▷ Der Spießbock hat lange spitze Hörner und einen schwarz-weiß gezeichneten Kopf. Er lebt in den Wüsten der Arabischen Halbinsel und Afrikas. Der Arabische Spießbock wurde so stark gejagt, dass es nur noch wenige Exemplare gibt.

◁ Springböcke sind kleine, graziöse Antilopen, die im südlichen Afrika leben. Sie werden bis zu 80 cm groß und ihr Fell ist auffällig gezeichnet. Ihren Namen haben sie von der Fähigkeit, hohe Luftsprünge zu machen.

Zum Weiterlesen
Kamel
Lama
Rentier
Rothirsch
Zebra

Bär

Der Bär ist das größte Fleisch fressende Tier der Erde. Es gibt viele verschiedene Arten von Bären; die meisten leben auf der Nordhalbkugel. Ihr dickes Fell schützt sie vor der Kälte.

Braunbär — Eisbär — Schwarzbär — Kodiakbär

△ Die meisten Bären sind groß, kräftig, haben mächtige Pranken und einen guten Geruchssinn. Der Kodiakbär in Alaska ist der größte Bär überhaupt: Er wiegt fast 800 kg und ist, wenn er sich aufrichtet, 4 m groß.

◁ Wenn der Winter kommt, suchen manche Bären Höhlen auf und halten dort viele Wochen Winterruhe. Sie atmen wenig, und ihr Herz schlägt ganz langsam.

◁ Im Herbst finden die amerikanischen Schwarzbären Nahrung im Überfluss: Lachse, Beeren und Honig. Sie fressen, so viel sie können, und setzen Speck an, damit sie den Winter überstehen.

Zum Weiterlesen
Eisbär
Säugetiere
Waschbär

Biber

Biber leben im nördlichen Europa und in Nordamerika in der Nähe von Flüssen. Mit ihren kräftigen Vorderzähnen nagen sie an Bäumen, bis diese umfallen. Die Äste verwenden sie für ihren Bau, der sich im Fluss befindet.

Infokasten
- Ein Biberdamm kann über 500 m lang und 4 m hoch sein.
- Manche Biberdämme sind 1000 Jahre alt.
- Ein Biberpaar bleibt das ganze Leben lang zusammen. Gearbeitet wird nachts.

△ Biber stauen den Fluss, an dem sie leben, zu einem kleinen See und errichten darin ihren Bau. Mit ihren Schwimmfüßen und dem abgeflachten Schwanz kommen sie im Wasser schnell voran. Bei Gefahr schlagen sie zur Warnung mit dem Schwanz aufs Wasser.

◁ Ein Biberbau besteht aus Ästen und Zweigen, die mit Schlamm abgedichtet sind. Im Winter friert die Schlammschicht fest und schützt die Biber vor Kälte.

▽ Die Biber schwimmen ins Innere des Baus und bringen ihren Jungen Futter. Etwa zwei Jahre leben die Jungtiere bei den Eltern, dann werden sie selbstständig und errichten einen eigenen Bau.

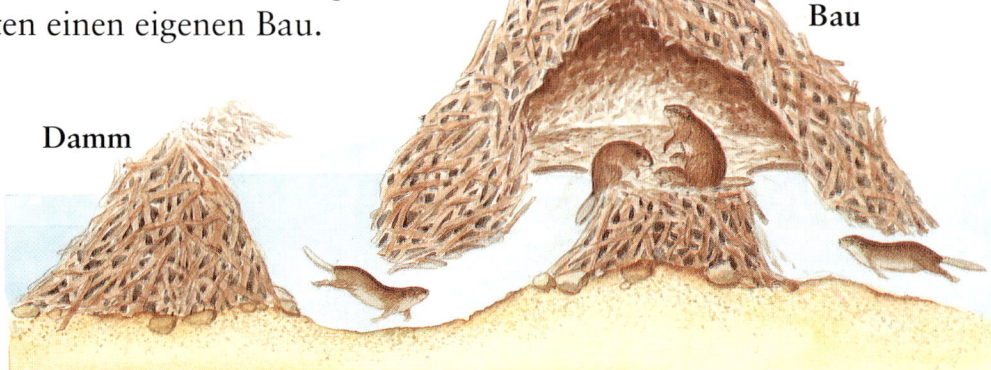

Damm Bau

Zum Weiterlesen
Hase und Kaninchen
Maus
Otter
Ratte

Biene und Wespe

Bienen und Wespen sind Insekten. Man erkennt sie an ihrer schwarz-gelben oder schwarz-weißen Färbung. Die Weibchen haben einen Stachel am Hinterende. Bienen stechen nur, wenn sie sich verteidigen müssen.

▽ Honigbienen leben in Staaten. Sie bauen Waben aus sechseckigen Zellen. **1** Die Königin legt in jede Zelle ein Ei. **2** Aus dem Ei wird eine Larve. **3, 4** Die Arbeiterinnen füttern die Larven. **5, 6** Die Biene schlüpft und verlässt die Zelle.

△ Bienen sammeln den Blütensaft (Nektar) der Pflanzen und machen daraus Honig, mit dem sie ihre Nachkommen füttern.

◁ Die Hummel ist größer und stärker behaart als die Honigbiene. Sie sammelt an ihren Hinterbeinen Blütenpollen. Ohne die Verbreitung der Pollen durch Hummeln und Bienen könnten sich viele Pflanzen nicht vermehren.

Pollenkugel

▽ Anders als Bienen füttern Wespen ihren Nachwuchs mit Insekten, die sie mit ihrem Stachel töten. Ausgewachsene Wespen ernähren sich von dem Zucker, der in Früchten enthalten ist. Deshalb zieht der Geruch von Süßem sie an.

Zum Weiterlesen
Ameise
Fliege
Insekten

Bison

Der amerikanische Bison mit seinem braunen Fell ist das größte Tier Nordamerikas. Trotz seines massigen Körpers ist er wendig und schnell. Bisons sind Weidetiere: Sie ernähren sich von Gras und anderen Pflanzen, die sie gemächlich wiederkäuen.

▽ Bisons bilden kleine Herden. Normalerweise leben Bullen und Kühe getrennt, außer in der Paarungszeit, wenn die Bullen um die Kühe kämpfen. Die Schulterhöhe der Bullen kann fast 3 m betragen. Die Kühe sind nur wenig kleiner. Früher gab es fast 50 Millionen Bisons in Nordamerika, sie wurden jedoch von den Siedlern nahezu ausgerottet.

Infokasten
- Der europäische Wisent ist größer als der amerikanische Bison, aber nicht so schwer.
- Vom amerikanischen Bison existieren nur noch etwa 1000 Tiere; die Herden werden streng bewacht.

◁ Das Moschusrind ist wie der Bison ein Pflanzenfresser. Es lebt im hohen Norden und hat ein dickes Fell, das vor der Kälte schützt.

◁△ Um sich gegen ein Wolfsrudel zu verteidigen, bilden die Moschusrinder einen Kreis um ihre Jungtiere. Die Hörner der erwachsenen Tiere halten die Wölfe auf Distanz.

Zum Weiterlesen
Antilope
Büffel
Rind
Säugetiere
Yak

Büffel

Büffel sind groß und kräftig und haben mächtige Hörner. Afrikanische Büffel leben in Herden von mehreren hundert Tieren in der Nähe von Wasserstellen, weil sie sich gern im Schlamm wälzen. Wasserbüffel gibt es in den feuchteren Gegenden Asiens, aber nur wenige leben wild; meist hält man sie als Nutztiere.

△ Afrikanische Büffel sind unberechenbar; man hat sie bisher nicht zähmen können.

Infokasten
- Manche Vögel lassen sich auf den Hörnern der Büffel nieder und picken nach Insekten.
- Der Wasserbüffel hat die größten Hörner aller Tiere. Sie werden bis zu 120 cm lang.
- Wie Rinder sind auch Büffel Wiederkäuer.

△ Männliche Büffel sind größer als weibliche. Die Hörner setzen an der Stirn an. Löwen haben es vor allem auf Kühe und Jungtiere abgesehen. An die mächtigen Bullen wagen sie sich nicht heran.

◁ In Asien werden Wasserbüffel seit über 3000 Jahren als Nutztiere gehalten. Sie liefern Milch, Fleisch und Leder, werden aber auch zum Ziehen von Pflügen eingesetzt. In jüngerer Zeit hat man Wasserbüffel in den Sümpfen Nordaustraliens angesiedelt; dort leben sie wild.

Zum Weiterlesen
Bison
Rind
Säugetiere

Chamäleon

Chamäleons sind ungewöhnliche Tiere. Sie wechseln die Hautfarbe – vor allem wenn sie gereizt sind oder Angst haben, aber auch wenn die Temperatur oder das Licht sich ändern.

△ In der Haut des Chamäleons gibt es besondere Zellen, die sich farblich der Umgebung anpassen. Dadurch wird es für andere Tiere nahezu unsichtbar.

▽ Das Chamäleon sitzt geduldig im Baum und lauert auf Insekten. Mit seinem kräftigen Schwanz hält es sich an einem Zweig fest und die Augen spähen in unterschiedliche Richtungen. Plötzlich schießt die lange klebrige Zunge heraus und fängt die Beute.

Infokasten

- Es gibt etwa 100 Arten von Chamäleons.
- Allein 50 Arten leben auf der Insel Madagaskar.
- Die meisten Chamäleons leben in Bäumen, legen aber ihre Eier in den Boden.

▷ Das Zwergchamäleon auf Madagaskar ist nur etwa 2,5 cm lang. Es lebt auf dem Waldboden zwischen Blättern. Die meisten Chamäleons sind zwischen 17 und 25 cm lang, manche erreichen sogar 60 cm. Die meisten ernähren sich von Insekten und die größeren Arten fangen gelegentlich auch Vögel.

Zum Weiterlesen

Echse
Kobra
Krokodil und Alligator
Reptilien

Dachs

Dachse sind sehr kräftig, aber scheu. Sie sind mit den Stinktieren verwandt und wie diese schwarz-weiß gezeichnet. Dachse leben in Familiengruppen in waldreichen Gebieten.

▽ Dachse sind Allesfresser und bei ihrer Nahrung nicht wählerisch: Sie fressen Gras, Früchte und Nüsse, aber auch Eier und Kleintiere. Sie können gut graben und erbeuten dabei oft Regenwürmer.

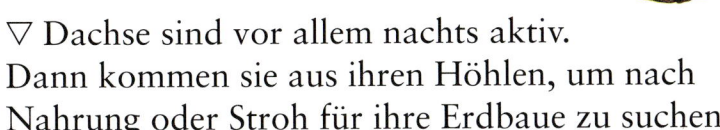

▽ Dachse sind vor allem nachts aktiv. Dann kommen sie aus ihren Höhlen, um nach Nahrung oder Stroh für ihre Erdbaue zu suchen.

◁ Tagsüber halten sich Dachse in ihrem Bau auf. Ein Dachsbau ist ein unterirdisches Höhlensystem, das ausgebaut wird, wenn sich die Dachsfamilie vergrößert. Manche Baue sind mehrere hundert Jahre alt.

▷ Anders als der Europäische lebt der Amerikanische Dachs meist als Einzelgänger. Er hat auch eine andere Gesichtszeichnung.

Zum Weiterlesen
Maulwurf
Stinktier
Wiesel

Delfin

Delfine sind intelligent, gesellig und flink. Man bezeichnet sie auch als Tümmler. Sie sind keine Fische, wie man annehmen könnte, sondern Säugetiere. Sie orientieren und verständigen sich untereinander mit Klicklauten.

Weißseitendelfin

△ Es gibt mehr als 30 Delfinarten in den Meeren der Welt.

Fleckendelfin

◁ Delfine geben nacheinander kurze Laute von sich und hören am zurückkommenden Echo, ob z.B. ein Fischschwarm in der Nähe ist, der eine gute Mahlzeit abgibt.

Infokasten
- Ein Delfin schwimmt bis zu 40 km/h schnell.
- Delfine atmen durch das Spritzloch an ihrem Kopf.

▽ Die Großen Tümmler sind sehr verspielt. Sie machen gelegentlich hohe Luftsprünge oder schwimmen neugierig neben Booten und Schiffen her. Mit ihrem stromlinienförmigen Körper kommen sie im Wasser schnell vorwärts. Meist leben sie in großen Familiengruppen zusammen.

Großer Tümmler

Zum Weiterlesen
Mörderwal
Wal

Echse

Echsen sind Reptilien mit schuppiger Haut. Man findet sie überall auf der Welt, außer in kalten Gegenden. Weil sie Kaltblüter sind, müssen sie in der Sonne liegen, um sich aufzuwärmen.

△ Die Gila-Krustenechse lebt in den Wüsten Nordamerikas. Die schwarz-orangefarbene Zeichnung warnt andere Tiere: „Diese Echse ist giftig!"

△ Viele Echsen werden in der Sonne dunkler. So können sie mehr Wärme aufnehmen.

△ Der australische Dornteufel sieht Furcht erregend aus, ist aber harmlos. Sein Körper ist über und über mit Stacheln besetzt.

◁ Die Kragenechse stellt ihren eindrucksvollen Kragen auf, um Angreifer abzuschrecken.

Infokasten
- Die kleinsten Echsen der Welt sind die Geckos auf den Jungfern-Inseln: Sie werden nur 3,5 cm lang.
- Wenn ein Angreifer eine Eidechse am Schwanz packt, bricht dieser ab. Nach acht Monaten ist er wieder nachgewachsen.

Zum Weiterlesen
Chamäleon
Molch
Leguan und
Waran

Eichhörnchen

Eichhörnchen haben einen großen buschigen Schwanz. Sie bauen ihre Nester hoch oben in Bäumen. Tagsüber suchen sie nach Nüssen, Früchten und Samen.

▷ Das Fell der Eichhörnchen in Mitteleuropa ist – bis auf den hellen Bauchfleck – meist rotbraun gefärbt und wird im Winter etwas dunkler. Die in Ostsibirien beheimateten Eichhörnchen haben ein graues Winterfell, das als Pelzwerk sehr begehrt ist.

▽ Die Präriehunde in den Steppen Nordamerikas sind mit den Eichhörnchen verwandt. Sie bilden Kolonien von bis zu 1000 Tieren und legen weit verzweigte unterirdische Gangsysteme an.

◁ Eichhörnchen mögen am liebsten Eicheln, an denen sie mit ihren scharfen Vorderzähnen knabbern. Im Herbst vergraben sie Nahrung, damit sie im Winter nicht hungern müssen.

Zum Weiterlesen
Fortpflanzung
Lebensraum
Maus
Ratte
Säugetiere

Eisbär

Eisbären leben in der Arktis, wo sie auch ihre Jungen bekommen und großziehen. Ihr weißes Fell macht sie im Schnee fast unsichtbar. Sie jagen hauptsächlich Robben, gelegentlich aber auch Fische, Gänse und Enten. Sie sind die einzigen Bären auf der Nordhalbkugel, die keine Winterruhe halten.

△ Eisbären haben einen dicken, öligen Pelz und eine Speckschicht, die sie vor der grimmigen Kälte (bis 30 °C unter Null) schützt.

◁ Eisbären können gut schwimmen. Sie paddeln mit ihren riesigen Pranken von einer Eisscholle zur anderen. Man hat Eisbären auch schon viele Kilometer vom Festland oder Packeis entfernt schwimmen sehen.

△ Eisbären warten oft stundenlang an den Löchern, an denen Robben zum Luftholen auftauchen. Kommt eine Robbe zum Vorschein, schlägt der Bär zu.

Infokasten
- Eisbären werden Anfang Dezember in Eishöhlen geboren, taub, blind und kaum größer als Meerschweinchen.
- Ausgewachsene männliche Eisbären wiegen bis zu 800 kg.

◁ Eisbären sind Einzelgänger und begegnen einander nur zur Paarung. Die Jungen bleiben zwei Jahre bei der Mutter. Danach ziehen auch sie allein ihrer Wege.

Zum Weiterlesen
Bär
Pinguin
Robbe

Elch

Es gibt zwei Arten von Elchen: Die eine findet man in Kanada und den USA, die andere in Nordeuropa. Elche haben einen massigen Körperbau, hohe Beine, eine breite Nase und eine stark überhängende Oberlippe.

△ Der amerikanische Elch heißt auch Wapiti. Er ist ein naher Verwandter des Mitteleuropäischen Rothirsches. Wie alle Hirsche ernährt er sich von jungen Trieben und Früchten.

▷ Europäische Elche werden im Frühling als Zwillinge geboren. Erst sind sie noch wacklig auf den Beinen, doch bald erreichen sie ein beachtliches Tempo.

▷ Auch die amerikanischen Elche kommen im Frühling zur Welt. Die weißen Tupfen sind eine gute Tarnung, wenn sich die Jungtiere vor Wölfen und Pumas verstecken müssen.

◁ Das schaufelförmige Geweih der männlichen Elche wächst immer weiter und wird bis zu 20 kg schwer. Die Elchbullen setzen es beim Kampf um die Weibchen (Kühe) ein. Während der Brunftzeit im Herbst hört man in den Wäldern die lauten Rufe der Bullen.

Zum Weiterlesen
Rothirsch
Rentier
Säugetiere

Elefant

Elefanten sind die größten Landtiere. Sie sind sehr intelligent und haben ein hervorragendes Gedächtnis. Es gibt nur zwei Arten: den Afrikanischen Elefanten und den Indischen Elefanten. Mit dem Rüssel, den sie wie einen Greifarm benutzen, nehmen sie Nahrung und Wasser auf. Die Stoßzähne aus Elfenbein dienen der Verteidigung.

△ In Indien verrichten Elefanten Schwerarbeit: Sie schleppen beispielsweise Holzstämme. Den Elefantentreiber nennt man auch Mahout.

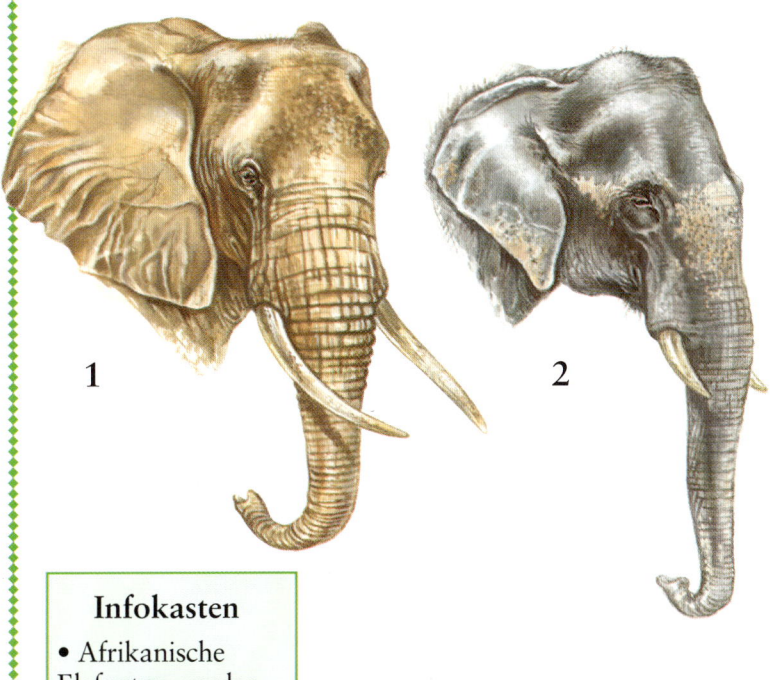

◁ **1** Der Afrikanische Elefant ist größer als sein indischer Vetter. Er hat eine hohe Stirn, größere Ohren und längere Stoßzähne.

◁ **2** Der Indische Elefant hat kleinere Ohren und eine gerundete Stirn. Nur die männlichen Tiere haben Stoßzähne.

▽ In Afrika leben die Elefanten in kleineren Familiengruppen zusammen, die von der jeweils ältesten Elefantenkuh angeführt werden. Die Elefantenbullen leben in eigenen Herden.

Infokasten
- Afrikanische Elefanten werden 4 m groß (mehr als doppelt so groß wie ein Mensch).
- Sie wiegen bis zu 7 Tonnen – so viel wie ein LKW.
- Elefanten können 70 Jahre alt werden.

Zum Weiterlesen
Flusspferd
Giraffe
Nashorn

Ente und Gans

Enten und Gänse gehören zu den Wasservögeln. Sie sind auf der ganzen Welt verbreitet. Ihr dichtes Federkleid hält sie warm und dank ihrer Schwimmfüße kommen sie im Wasser gut voran.

△ Gänse sind größer als Enten und haben einen längeren Hals. Mit ihrem großen Schnabel rupfen sie Gras. Enten haben einen flacheren Schnabel, mit dem sie Nahrung aus dem Wasser fischen.

△ Eiderenten brüten an den Küsten der kalten nördlichen Meere. Das Weibchen rupft sich Bauchfedern (Daunen) aus und polstert damit das Nest, damit die Eier schön warm bleiben.

◁ Enten bewegen sich an Land in einem typischen Watschelgang fort. Ihr Fuß besteht aus drei Vorderzehen mit Schwimmhäuten dazwischen und einer Hinterzehe. Außer Pflanzen stehen auch Insekten und Würmer auf ihrem Speisezettel.

▽ Kanadagänse brüten in Kanada und Alaska. Wenn sie zum Überwintern in Richtung Mexiko ziehen, fliegen sie mit lautem Schnattern in einer Linie schräg hintereinander.

△ Männliche Enten (Erpel) haben meist ein buntes Federkleid, mit dem sie die unauffällig braunen Weibchen anlocken.

Zum Weiterlesen
Möwe
Pelikan
Schwan
Tierwanderungen
Vögel

Erdferkel

Das Erdferkel ist ein Säugetier, das in Afrika lebt und sich von Ameisen und Termiten ernährt. Es kann sogar hören, wie die Insekten im Boden umherkrabbeln.

◁ Das Erdferkel gräbt Termitenhügel auf, um an die saftigen Insekten zu gelangen. Hat es die Gänge und Kammern aufgegraben, leckt es die Termiten mit der Zunge auf.

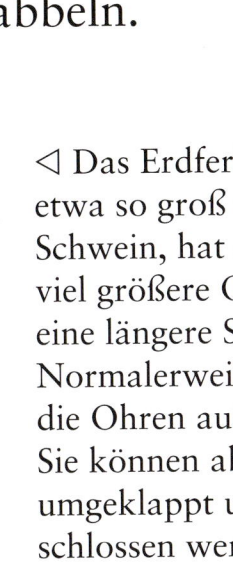

◁ Das Erdferkel ist etwa so groß wie ein Schwein, hat aber viel größere Ohren und eine längere Schnauze. Normalerweise sind die Ohren aufgerichtet. Sie können aber auch umgeklappt und verschlossen werden.

◁ Mit seiner 30 cm langen klebrigen Zunge kommt das Erdferkel mühelos an Insekten in Gängen heran.

◁ Das Erdferkel lebt in Bauen unter der Erde. Wenn Gefahr droht, z.B. ein Löwe, gräbt es mit seinen kräftigen Krallen ein Loch und versteckt sich.

Zum Weiterlesen
Ameise
Ameisenbär

Erdmännchen

Erdmännchen sind Fleisch fressende Säugetiere. Sie werden etwa 35 cm groß und leben in den trockenen Steppen des südlichen Afrikas. Wenn sie nach möglichen Angreifern oder nach Beute Ausschau halten, stellen sie sich aufrecht auf die Hinterbeine.

▽ Mit ihren langen scharfen Krallen können die Erdmännchen Beutetiere ausgraben. Manchmal begnügen sie sich aber auch mit Insekten, Eiern oder Pflanzenwurzeln. Sie haben einen guten Geruchssinn und können auch hervorragend sehen und hören.

△ Erdmännchen leben in ausgedehnten Bodenhöhlen. Tagsüber gehen sie auf Nahrungssuche. Dabei müssen sie stets vor Adlern und anderen Greifvögeln auf der Hut sein.

△ Ein naher Verwandter der Erdmännchen ist der Mungo, der mutig sogar Giftschlangen angreift, wenn seine Jungen in Gefahr sind.

Zum Weiterlesen
Katze (Wildkatze)
Kobra
Säugetiere
Wiesel

Esel

Esel gehören zu den Huftieren. Sie sind genügsame Grasfresser und dienen vor allem in Südeuropa und Nordafrika als Zug- und Lasttiere. Dank ihrer kleinen Hufe kommen sie auch im unwegsamen Gelände gut voran. Esel sind gutmütige, ausdauernde Tiere und mögen Kinder.

Infokasten
- Esel können bis zu 40 Jahre alt werden.
- Maultiere und Maulesel sind Kreuzungen zwischen Esel und Pferd.
- Beim Maultier ist der Vater ein Esel und die Mutter ein Pferd. Beim Maulesel ist es umgekehrt.

▽ Esel haben einen hellen Bauch. Ihr Fell kann hellgrau bis fast schwarz sein und entlang ihres Rückens verläuft ein dunkler Streifen. Sie haben einen lang gestreckten Kopf und ein ausgeprägtes Gebiss. Anders als Pferde haben Esel eine Schwanzquaste.

▽ Die heutigen Esel wurden einst von den alten Ägyptern aus Wildeseln gezüchtet. Die Wildesel sehen den Zuchteseln sehr ähnlich: Auch sie haben lange spitze Ohren und kleine Hufe. Ihre Beine sind gestreift wie die der Zebras.

▽ Normalerweise sind Esel genügsame Arbeitstiere. Manchmal aber werden sie störrisch: Dann bleiben sie einfach stehen und machen ihrem Ärger durch lautes Schreien Luft.

Zum Weiterlesen
Pferd
Zebra

Eule

Eulen jagen vor allem nachts. Sie haben ein sehr feines Gehör und große Augen, mit denen sie in der Dunkelheit sehen. Dank ihrer weichen Federn können sie lautlos fliegen, so dass ihre Beute sie nicht kommen hört. Der Ruf einer Eule ist leicht zu erkennen.

△ Der Waldkauz lebte früher nur in waldreichen Gegenden. Heute findet man ihn auch in Städten, wo er vor allem Jagd auf Ratten und Mäuse macht. Tagsüber döst er auf Bäumen in Parks und Gärten vor sich hin.

◁ Der Kaninchenkauz ist ein Höhlenbewohner. Er lebt in Nordamerika in unterirdischen Bauen, die früher Erdhörnchen oder Präriehunden gehörten. Manchmal graben Kaninchenkäuze auch selbst eine Höhle.

▽ Schleiereulen nisten in Scheunen, hohlen Baumstämmen oder verlassenen Bussardhorsten. Sie sind an ihrem Gesichtsschleier gut zu erkennen. Sie jagen Mäuse und Vögel, die sie in ihr Nest tragen und den Jungen füttern.

Infokasten
- Eulen können ihren Kopf beim Lauschen fast ganz herumdrehen.
- Eulen verschlingen ihre Beute mit Haut und Haar. Unverdauliches, wie Knochen und Federn, würgen sie als „Gewölle" wieder aus.

Zum Weiterlesen
Adler
Fledermaus
Vögel

Evolution

Das Leben auf der Erde hat sich über Millionen Jahre entwickelt. Die früheren Lebewesen sahen zum Teil ganz anders aus als die heutigen, weil sich mit der Zeit Veränderungen durchgesetzt haben, die bessere Überlebenschancen boten.

△ Fossilien sind die versteinerten Überreste von Lebewesen, die vor vielen Millionen Jahren gelebt haben. Man findet sie am Strand und vor allem in Schiefer- und Kalksteinbrüchen.

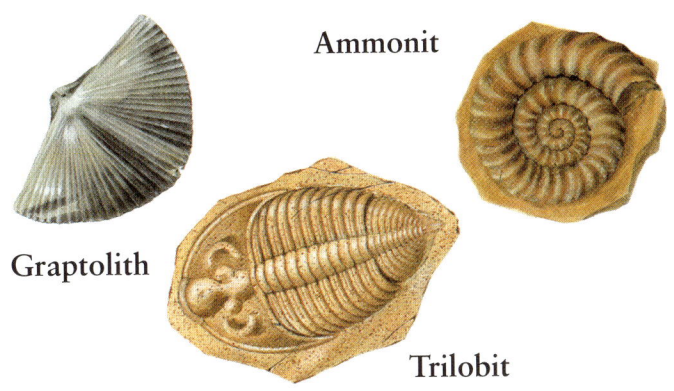

Graptolith **Ammonit** **Trilobit**

△ Betrachte einmal Fossilien mit der Lupe. Du wirst dabei feststellen, dass manche davon Ähnlichkeit mit heutigen Lebewesen haben. Diese Nachfahren haben sich im Laufe der Zeit weiterentwickelt.

◁ Ursprünglich gab es nur eine Fuchsart. Aus ihr hat sich auch der Polarfuchs mit seinem dicken weißen Fell entwickelt. Es schützt ihn gegen Kälte und tarnt ihn vor Feinden.

▷ Der Wüstenfuchs ist mit seinen großen Ohren und dem sandfarbenen Fell an das Leben in heißen, trockenen Gebieten angepasst.

◁ Der Birkenspanner ist normalerweise hell und hat nur ein paar wenige dunkle Flecken. In Industriegebieten, wo Ruß die Bäume bedeckt hat, findet man auch ganz dunkle Exemplare, die so in ihrer Umgebung besser getarnt sind.

Zum Weiterlesen
Lebensraum
Tarnung
Verteidigung
Vögel

Faultier

Jemanden, der faul und träge ist, nennt man ein „Faultier". Das echte Faultier lebt in den tropischen Regenwäldern Südamerikas. Es hängt den ganzen Tag mit seinen gebogenen Krallen an einem Ast und bewegt sich kaum.

Infokasten
- Alle zwei bis drei Wochen klettert das Faultier von seinem Baum herab und erledigt sein „großes Geschäft".
- Faultiere schlafen sogar in hängender Haltung.
- Sie haben keine Zähne und brauchen nicht zu trinken.

▽ Das Faultier-Weibchen bringt nach 120 Tagen Tragezeit meist ein Junges zur Welt. Die ersten fünf Wochen seines Lebens verbringt es auf dem Bauch der Mutter und klammert sich an ihrem Fell fest.

△ Faultiere schlafen tagsüber und werden nachts munter. Dann verspeisen sie Blätter und Früchte. Ihr Fell pflegen sie nicht, so dass sich bei manchen Tieren Algen, Falter oder Käfer einnisten. Die Algen geben dem Fell eine grünliche Färbung, die das Faultier im Laub gut tarnt.

△ Faultiere kommen auf dem Boden nur mühsam vorwärts, sind jedoch gute Schwimmer. Sie durchqueren sogar Flüsse, wenn sie sich einen neuen „Wohnbaum" suchen müssen.

Zum Weiterlesen
Affe
Säugetiere
Tarnung

Fische

Fische leben in fast allen Gewässern der Erde, sowohl im Süßwasser als auch im Meer. Die meisten von ihnen haben einen schuppigen Körper und Flossen, mit denen sie ihre Schwimmbewegungen steuern können.

◁ Wie wir brauchen auch Fische Sauerstoff. Zum Atmen nehmen sie mit dem Maul Wasser auf und pressen es dann durch Kiemen seitlich am Kopf. Die feinen Blutgefäße darin nehmen den im Wasser gelösten Sauerstoff auf.

Wasserabgabe **Wasseraufnahme**

▽ Fische schwimmen oft in großen Gruppen (Schwärmen). Das bietet einen gewissen Schutz, denn ein Angreifer kann sich so schlecht auf einen einzelnen Fisch konzentrieren.

▽ **1** Fischschuppen weisen stets in eine Richtung. So kann der Fisch gut durchs Wasser gleiten. Schneide mehrere schuppenförmige Papierstreifen aus und klebe sie vom Schwanzende her auf einen Fisch aus Karton.

△ **2** Streiche nun nacheinander in beiden Richtungen mit der Hand über die Schuppen. Spürst du den Unterschied?

Zum Weiterlesen
Hai
Plattfisch
Tiefseefische

Flamingo, Storch und Reiher

Flamingos leben an seichten Gewässern in Südeuropa, Afrika, Asien und Südamerika. Sie haben große Flügel, biegsame Hälse und lange Beine, mit denen sie durchs Wasser waten. Ihr Gefieder ist rosa und sie werden bis 1,5 m groß. Flamingos gehören zur gleichen Vogelfamilie wie Reiher und Störche.

▽ Reiher haben ebenfalls lange Beine. Sie waten am Ufer von Seen und Flüssen durchs Wasser und suchen nach Fischen. Oft sieht man sie auf einem Bein stehen. Sie wärmen dann das zweite Bein unter ihrem Gefieder.

△ Flamingos schwenken ihren Schnabel im Wasser hin und her. Er hat an beiden Seiten eine Art Sieb, in dem Kleinkrebse und Pflanzenteile hängen bleiben. Ihre rosa Farbe haben die Flamingos von den vielen Krebstieren, die sie fressen.

▽ Weißstörche überwintern in Afrika und kommen im Sommer zum Brüten in nördlichere Breiten. Ihre großen Nester aus Zweigen bauen sie gern auf alten Schornsteinen. Das Weibchen legt bis zu 7 Eier, die von beiden Eltern bebrütet werden.

Zum Weiterlesen
Ente und Gans
Pelikan
Schwan

Fledermaus

Fledermäuse sind nachtaktive Säugetiere mit großen Ohren, behaartem Körper und lederartigen Hautflügeln. Tagsüber schlafen sie in Höhlen oder auf Dachböden und in der Abenddämmerung machen sie sich auf die Suche nach Nahrung.

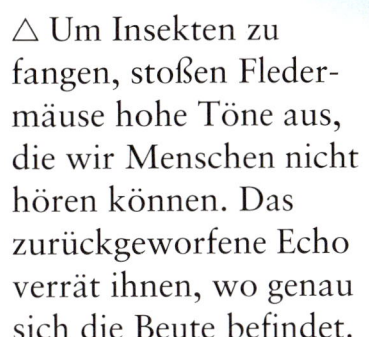

△ Um Insekten zu fangen, stoßen Fledermäuse hohe Töne aus, die wir Menschen nicht hören können. Das zurückgeworfene Echo verrät ihnen, wo genau sich die Beute befindet.

Infokasten
• Die Thailändische Fledermaus ist mit 2 cm Länge das wohl kleinste Säugetier der Erde.
• Die südamerikanische Vampirfledermaus ernährt sich vom Blut lebender Tiere.
• In Europa ist die Fledermaus vom Aussterben bedroht.

▽ Fledermäuse sind die einzigen Säugetiere, die fliegen können. Sie können im Flug blitzschnell die Richtung wechseln.

▷ Flughunde sind große Fledermäuse in den Tropen Afrikas und Asiens. Sie ernähren sich vor allem von Obst und sorgen auch für die Bestäubung von Pflanzen und die Verbreitung von Samen.

Zum Weiterlesen
Insekten
Maus
Vögel

Fliege

Kaum ein Tier ist so weit verbreitet wie die Fliege. Anders als die übrigen Insekten hat sie nur ein Paar Flügel zum Fliegen. Mit den kleineren Hinterflügeln hält sie das Gleichgewicht. Manche Fliegen übertragen Krankheiten, die meisten aber sind harmlos und viele sogar nützlich, weil sie Pflanzen bestäuben.

Infokasten
- Stubenfliegen schlagen 200 Mal pro Sekunde mit den Flügeln.
- Kleine Mücken schlagen bis zu 1000 Mal pro Sekunde mit ihren Flügeln. So entsteht das typische Summen.

△ Die afrikanische Tsetsefliege ist ein Blut saugendes Insekt. Durch ihren Biss überträgt sie die gefährliche Schlafkrankheit von Tieren auf den Menschen.

△ Die Schwebfliege kann in der Luft „stehen". Weil sie mit ihrer schwarz-gelben Zeichnung einer Wespe ähnelt, wird sie von anderen Tieren gemieden.

▽ Die Larven von Fliegen werden als Maden bezeichnet. Die Mistfliege legt ihre Eier in den Kot von Tieren. Wenn die Maden geschlüpft sind, ernähren sie sich von dem Kot und bauen ihn auf diese Weise ab.

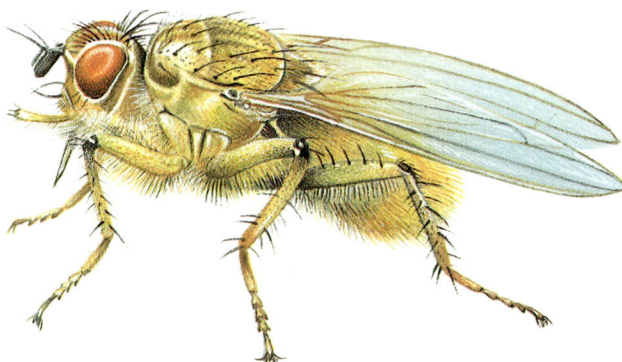

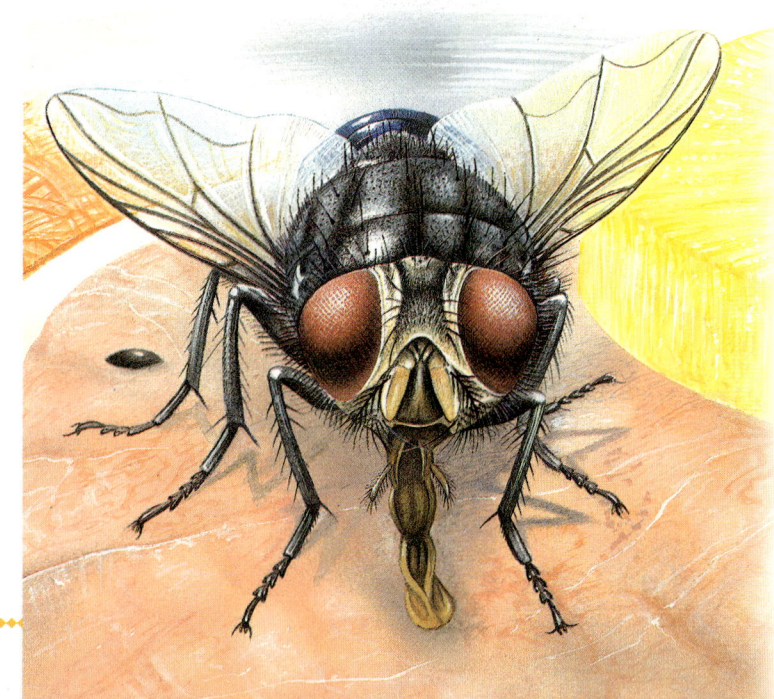

◁ Schmeißfliegen und Stubenfliegen haben an den Füßen Haftballen. Mit diesen testen sie den Untergrund, auf dem sie gelandet ist, auf Essbarkeit.

Zum Weiterlesen
Ameise
Biene und Wespe
Insekten
Käfer

Flusspferd

Die Flusspferde mit ihrem unförmigen Körper haben trotz ihres Namens mit Pferden überhaupt nichts zu tun. Vielmehr sind sie mit den Schweinen verwandt. Sie leben in afrikanischen Flüssen und Seen und werden auch Nilpferde genannt.

▷ Flusspferde verbringen die meiste Zeit des Tages im Wasser. Oft schauen nur Augen, Nase und Ohren heraus. So bekommen sie keinen Sonnenbrand. Sie können bis zu zehn Minuten unter Wasser bleiben.

Infokasten
- Flusspferde leben in Gruppen von etwa 15 Tieren.
- Sie werden 4,6 m lang, erreichen 1,5 m Schulterhöhe und ein Gewicht von über 3 Tonnen.
- Flusspferde haben Schwimmhäute zwischen den Zehen. Sie sind gute Schwimmer.

△ Wenn das Flusspferd sein Maul weit aufsperrt, sieht man die zwei gewaltigen Eckzähne im Unterkiefer. Wenn die Bullen in der Paarungszeit miteinander kämpfen, verletzen sie sich manchmal mit diesen Hauern. Nachts kommen die Flusspferde an Land und suchen ihre Weideplätze auf.

◁ Neugeborene Flusspferdbabys wiegen rund 55 kg. Schon nach wenigen Minuten können sie auf den Beinen stehen und bleiben dann immer nahe bei der Mutter.

Zum Weiterlesen
Nashorn
Pferd
Schwein

Fortpflanzung

Alle Tiere – vom größten Wal bis zur kleinsten Ameise – pflanzen sich fort, damit ihre Art erhalten bleibt. Im Tierreich gibt es unterschiedliche Arten der Fortpflanzung.

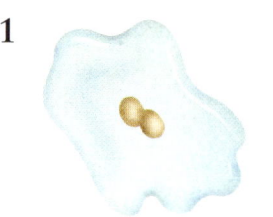
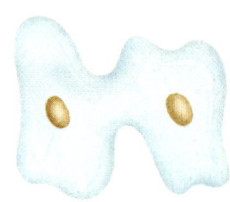

△ Die Amöbe ist ein mikroskopisch kleines Lebewesen aus nur einer Zelle. Sie vermehrt sich, indem sie sich in zwei Hälften teilt.

▽ **1** Das Vogel-Männchen befruchtet die Eier im Körper des Weibchens. Das Weibchen legt die Eier ins Nest und brütet. **2** Das heranwachsende Küken ernährt sich von Eiweiß und Dotter. **3,4** Dann pickt das Vögelchen ein Loch in die Schale und schlüpft.

△ Bei fast allen Säugetieren wachsen die Jungen im Körper der Mutter heran und werden lebend geboren. Die Mutter füttert und beschützt sie.

◁ Bitte deine Eltern, im Frühjahr einen Nistkasten aufzuhängen. Er sollte in mindestens 2 m Höhe an einem Baum angebracht werden. Bald wird sich ein Vogelpaar einfinden, und du kannst beobachten, was sich tut.

▷ Zur Fortpflanzung müssen meist Männchen und Weibchen zusammenkommen. Regenwürmer sind männlich und weiblich zugleich. In der Verdickung ihrer Körpermitte bilden sich Eier, die jeder andere Wurm befruchten kann.

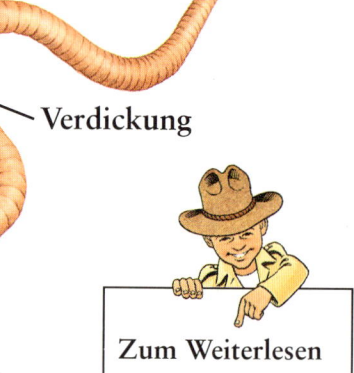

Zum Weiterlesen
Kleinstlebewesen
Säugetiere
Tierkinder
Vögel

Frosch und Kröte

Frösche und Kröten gehören beide zu den Amphibien: Sie leben also teils im Wasser und teils an Land. Während sich Frösche an Land meist mit großen Sprüngen fortbewegen, krabbeln die Kröten auf allen Vieren durch die Gegend. Beide Arten sind gute Schwimmer.

△ Das Weibchen der Wabenkröte aus Surinam hat Taschen am Rücken, in denen sich die Eier nach dem Laichen entwickeln. Nach etwa 80 Tagen schlüpfen die jungen Kröten aus den Taschen.

△ Viele tropische Frösche sind auffällig gefärbt. Für andere Tiere ist dies ein Zeichen, dass sie ungenießbar oder sogar giftig sind. Mit dem Gift des südamerikanischen Pfeilgiftfrosches (gelb-schwarze Zeichnung) streichen die Indianer am Amazonas ihre Jagdpfeile ein.

▷ **1** Die meisten Frösche und Kröten legen ihre Eier (Laich) ins Wasser. **2** Aus diesen schlüpfen nach zwei Wochen die Kaulquappen. **3** Wie Fische atmen sie mit Kiemen. **4** Nach drei Monaten bilden sich die Kiemen zurück und stattdessen entstehen Lungen. **5,6** Wenn sie ihren Schwanz verloren und vier Beine bekommen haben, klettern die jungen Frösche an Land.

Zum Weiterlesen
Amphibien
Fische
Fortpflanzung
Molch

Fuchs

Füchse sind mit den Hunden verwandt und leben fast überall auf der Welt. Sie haben kurze Beine und einen langen buschigen Schwanz. Ihre Augen sind gelblich und gut zum Nachtsehen geeignet. Der Fuchs geht nämlich nachts auf die Jagd, tagsüber bleibt er in seinem Bau.

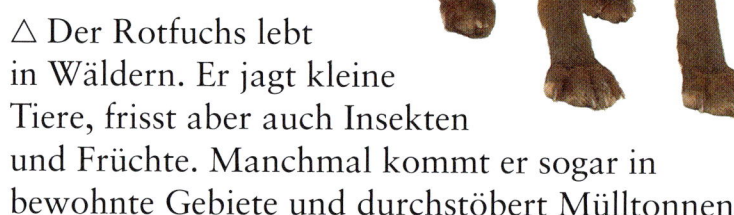

gutes Gehör

scharfe Augen

ausgezeichneter Geruchssinn

△ Der Rotfuchs lebt in Wäldern. Er jagt kleine Tiere, frisst aber auch Insekten und Früchte. Manchmal kommt er sogar in bewohnte Gebiete und durchstöbert Mülltonnen.

◁ Der Fennek ist ein Wüstenfuchs in Arabien und Nordafrika. Sein Fell ist sandfarben mit schwarzbrauner Schwanzspitze. Er ist dem heißen Klima angepasst und gibt über die großen Ohren überschüssige Körperwärme ab.

▷ Den Ohren des Fuchses entgeht nicht das kleinste Geräusch. Rolle zwei Blatt Zeichenkarton zu spitzen Tüten und halte sie dir – wie auf dem Bild rechts – an die Ohren. Dann bittest du jemanden hinter dir ein leises Geräusch zu machen. Hör gut hin – erst ohne „Fuchsohren", dann mit!

Zum Weiterlesen
Hund (Haushund)
Hund (Wildhund)
Wolf

Garnele

Garnelen leben hauptsächlich im Meer. Sie sind Verwandte des Hummers, allerdings sind sie kleiner als dieser und können besser schwimmen. Es gibt rund 2000 Arten von Garnelen.

△ Der Pistolenkrebs, eine 4 cm große Garnele, schlägt seine langen Scherenfinger zusammen und betäubt so Beutetiere.

▽ 1 Mit einem selbst gebauten Unterwasser-Sichtgerät kannst du in Gezeitentümpeln am Strand Garnelen beobachten. Bitte einen Erwachsenen, von einer Plastikflasche den Boden abzutrennen. Spanne dann mit Gummiband Frischhaltefolie darüber.

▽ 2 Du musst dich still verhalten, weil Garnelen schreckhaft sind.

◁ Garnelen suchen am Meeresboden nach Nahrung. Sie schwimmen vorwärts, indem sie ihren fächerartigen Schwanz ruckartig bewegen.

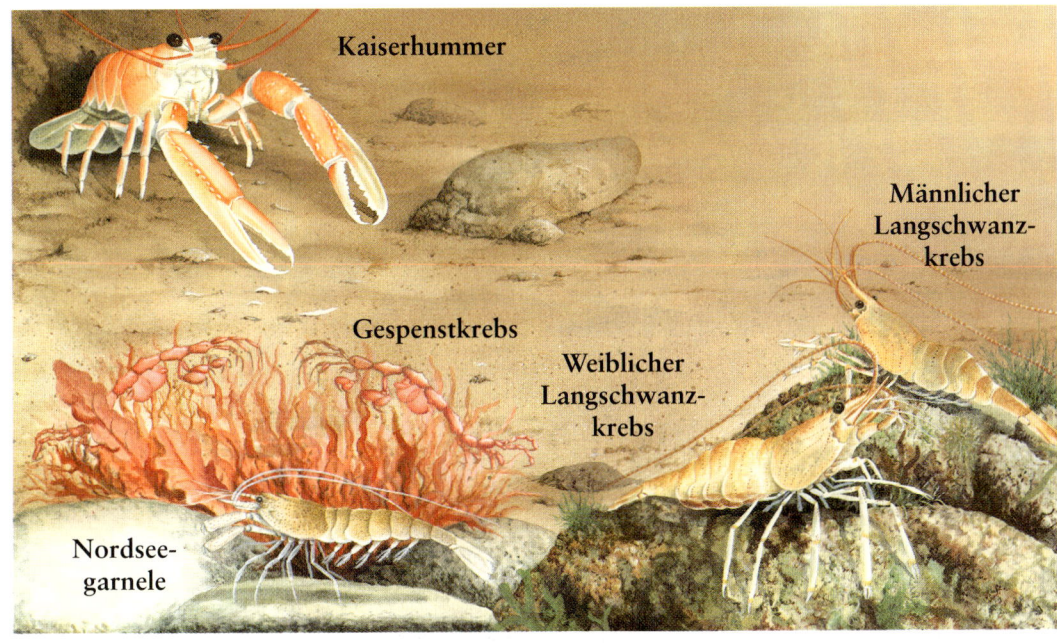

Kaiserhummer
Gespenstkrebs
Männlicher Langschwanzkrebs
Weiblicher Langschwanzkrebs
Nordseegarnele

Zum Weiterlesen
Hummer
Krebs
Muscheln

Geier

Geier sind große Vögel mit enormer Flügelspannweite. Man findet sie überall auf der Welt – im Gebirge, in Ebenen und in Wäldern. Sie fressen verrottendes Fleisch (Aas).

◁ Viele Geier, so auch der Königsgeier (links), haben nackte Köpfe und Hälse. Federn würden verkleben, wenn der Vogel den Kopf in blutige Kadaver steckt. Die prächtige Färbung spielt bei der Paarung eine Rolle.

△ Geier fliegen hoch oben in der Luft und halten Ausschau nach toten Tieren, die von Raubtieren erlegt wurden.

▽ Geier erfüllen eine wichtige Aufgabe als Abfallbeseitiger, denn sie ernähren sich von Tierkadavern. Manche Geier haben sich dem Leben in der Stadt angepasst und suchen auf Müllhalden nach Nahrung.

Gänsegeier

Sperbergeier

Ohrengeier

△ Oft warten Geier (hier ein Weißrückengeier) auf Bäumen in der Nähe eines toten Tieres, bis Löwen oder Hyänen ihre Mahlzeit beendet haben.

Zum Weiterlesen
Adler
Eule
Vögel

Gepard

Geparde sind schlanke Großkatzen mit gesprenkeltem Fell. Mit einer Geschwindigkeit von über 100 km/h sind sie die schnellsten Säugetiere. Geparde leben in den Steppen Afrikas südlich der Sahara.

△ Geparde bringen ihre Beute nach kurzem schnellen Sprint zu Fall. Sie töten durch Biss in den Hals.

◁ Gepard-Weibchen bekommen bis zu vier Junge. Die Kleinen haben lange graue Fellhaare und sehen damit ein wenig wie Honigdachse aus. Honigdachse sind sehr aggressiv und werden von anderen Tieren gemieden, daher schützt die „Verkleidung" die jungen Geparde.

▷ Geparde gab es früher in Nordafrika, im Nahen Osten und in Indien, wo fast alle Tiere gefangen und gezähmt wurden. Auch in Afrika sind sie selten geworden.

Infokasten
- Geparde können als einzige Katzen ihre Krallen nicht einziehen, doch beim Beutesprint sind diese „Spikes" sehr nützlich.
- Geparde werden 1,4 m lang und haben einen 80 cm langen Schwanz.

Zum Weiterlesen
Katze (Wildkatze)
Leopard
Löwe
Puma
Tiger

Giraffe

Giraffen sind mit einer Größe bis 6 m die Riesen unter den Tieren. Sie haben so lange Vorderbeine, dass sie nur in der Grätsche aus einem Wasserloch trinken können.

▽ Giraffen leben in kleinen Familiengruppen in der afrikanischen Savanne. Sie bekommen nach 15 Monaten Tragzeit ein Junges. Schon eine oder zwei Stunden nach der Geburt steht es sicher auf den Beinen und folgt der Mutter.

◁ Das Fleckenmuster tarnt die Giraffe vor Feinden. Jedes Tier hat sein eigenes Muster. Bei manchen sind die Flecken groß (oben), bei anderen klein (links).

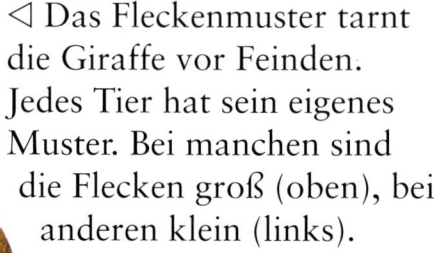

△ Weil Giraffen so groß sind, können sie in den Kronen der dornigen Akazienbäume „grasen". Zweige, die sehr weit oben hängen, umschlingen sie mit ihrer langen Zunge, biegen sie zu sich herab und fressen Blätter, Knospen und Früchte.

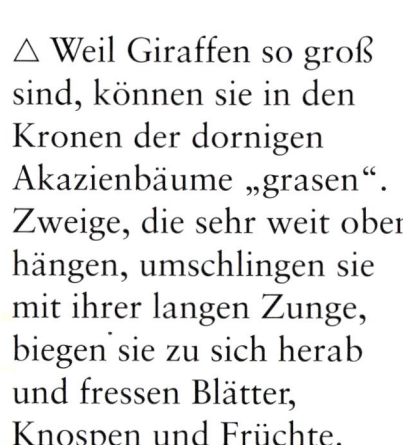

Zum Weiterlesen
Antilope
Büffel
Zebra

Goldfisch und Karpfen

Goldfische und Karpfen leben im Süßwasser. Ursprünglich kamen sie aus Asien zu uns. Goldfische werden meist als Zierfische gehalten. Sie sind ziemlich klein und oft leuchtend gefärbt. Die größeren Karpfen wirken eher unauffällig.

Goldfisch

Kometenschweif

△ Goldfische gibt es in vielen verschiedenen Farben und Formen. Man hält sie in Goldfischteichen oder Aquarien.

Silberkarausche

△ 1 Um Goldfische zu halten, brauchst du ein Aquarium, sauberen Kies, ein paar größere Steine, etliche Wasserpflanzen und vielleicht noch einen Blumentopf.

▷ 2 Du verteilst den Kies und die Steine auf dem Boden des Aquariums und füllst es mit Wasser. Dann setzt du die Wasserpflanzen ein und zum Schluss kommen die Goldfische ins Becken. Sie brauchen regelmäßig Futter und frisches Wasser.

△ Karpfen sind heute auch in Nordamerika und Europa verbreitet. Graskarpfen setzt man gern in Gewässern aus, weil sie das wuchernde Laichkraut fressen. Die Silberkarausche wird in China als Speisefisch gezüchtet.

Zum Weiterlesen
Aal
Fische
Lachs und Forelle
Plattfische

Gorilla

Gorillas sind große Menschenaffen. Sie sehen Furcht erregend aus, sind aber sanftmütige Pflanzenfresser. In ihrem Lebensraum, den Bergregionen Zentralafrikas, sind sie selten geworden.

▽ Gorillas leben in Gruppen, die von einem alten Männchen, dem Häuptling, angeführt werden. Ihn erkennt man an den silbergrauen Fellhaaren am Rücken, die männliche Gorillas im Alter von zehn Jahren bekommen. Solche „Silberrücken" werden so groß wie ein Mensch und dreimal so schwer – bis zu 225 kg.

△ Gorillas fressen Blätter, junge Triebe, Stängel, Beeren und manchmal auch Baumrinde. Haben sie an einem Ort alles Essbare vertilgt, ziehen sie ein Stück weiter und suchen neue Nahrung.

◁▽ Gorillas lernen mit etwa zehn Monaten laufen. In den ersten zwei Lebensjahren werden sie gesäugt, die meiste Zeit verbringen sie mit Spielen. Sie schlafen bei ihrer Mutter, bis sie drei Jahre alt sind. Dann bauen sie sich eigene Schlafnester aus Laub und Zweigen.

Zum Weiterlesen
Affe
Orang-Utan
Pavian
Schimpanse

Gürteltier

Gürteltiere sind Säugetiere mit einem Schuppenpanzer. Sie sind mit den Ameisenbären und den Faultieren verwandt. Man findet sie in manchen Gegenden Nordamerikas und überall in Südamerika. Es gibt insgesamt 20 verschiedene Arten.

△ Gürteltiere leben einzeln, paarweise oder in kleinen Gruppen in Erdlöchern. Nachts gehen sie auf Nahrungssuche. Bei Gefahr verschwinden sie mit einem Satz in ihrem Bau.

◁ Das Gürteltier frisst Pflanzen, Insekten und Kleintiere. Am besten aber schmecken ihm Ameisen und Termiten, die es mit seinen kräftigen Klauen ausgräbt.

▽ Bei Gefahr rollt sich das Gürteltier zu einer Schuppenkugel zusammen.

Infokasten
- Trotz ihres Panzers können Gürteltiere gut schwimmen: Sie schlucken Luft und treiben im Wasser.
- Die Gürtelmaus ist mit 16 cm Länge die kleinste Art.
- Das Riesengürteltier ist mit 1,5 m Länge die größte Art.

Zum Weiterlesen
Ameise
Ameisenbär
Erdferkel
Faultier
Igel

Hai

Haie sind die am meisten gefürchteten Raubfische im Meer. Sie finden ihre Beute entweder durch deren Geruch oder indem sie winzige elektrische Impulse wahrnehmen, die die Beutetiere aussenden.

Großer Weißhai

△ Am gefährlichsten ist der Große Weißhai oder Menschenhai, der bis zu 12 m Länge erreicht. Er lebt in den Warmwasserzonen der Ozeane. Sein Maul ist mit scharfen, spitzen Zähnen besetzt. Manchmal greift er Schwimmer oder Surfer an, doch seine bevorzugte Beute sind Robben und Seelöwen.

Hammerhai

◁ Der Hammerhai benutzt seinen massigen Kopf als Steuerhilfe beim Schwimmen. Haie haben keine Schuppen, sondern eine raue Haut, und ihr Skelett besteht nicht aus Knochen, sondern aus gummiartigen Knorpeln.

◁ Mit über 15 m Länge ist der Walhai der größte Fisch. Er ist ungefährlich, weil er nur Plankton (winzige Meereslebewesen) frisst.

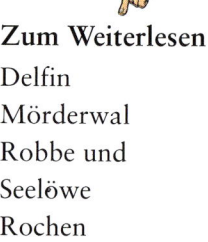

Zum Weiterlesen
Delfin
Mörderwal
Robbe und Seelöwe
Rochen

Hamster und Meerschweinchen

Hamster, Meerschweinchen und Rennmäuse sind Nagetiere. In vielen Gegenden der Erde leben sie wild, werden aber auch als Haustiere gehalten. Sie brauchen einen genügend großen Käfig, der regelmäßig sauber gemacht werden muss. Außerdem müssen sie täglich gefüttert werden.

△ Wild lebende Meerschweinchen fressen saftiges Gras. Wenn du deinem Meerschweinchen Trockenfutter gibst, musst du dafür sorgen, dass es auch genügend zu trinken hat.

▽ In ihrer Heimat Südamerika werden die Meerschweinchen auch gern gegessen, so wie bei uns Grillhähnchen. Man züchtet sie dort auf Farmen.

▽ Hamster sind Einzelgänger. Nachts suchen sie nach Gras, Körnern und Beeren. Sie stopfen das Futter in ihre Backentaschen und tragen es zum Nest.

Infokasten
- Hamster sind eigentlich Bodentiere. Sie graben sich unterirdische Wohnkessel.
- Meerschweinchen wurden bereits im 16. Jahrhundert nach Europa gebracht.
- Trotz ihres Namens sind Meerschweinchen nicht mit Schweinen verwandt.

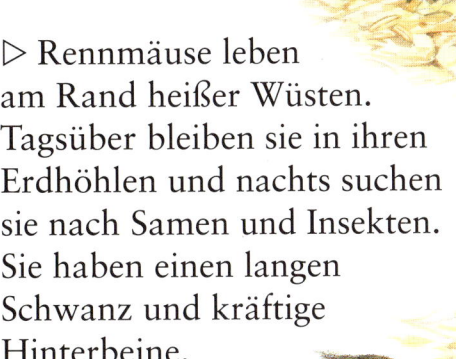

▷ Rennmäuse leben am Rand heißer Wüsten. Tagsüber bleiben sie in ihren Erdhöhlen und nachts suchen sie nach Samen und Insekten. Sie haben einen langen Schwanz und kräftige Hinterbeine.

Zum Weiterlesen
Biber
Eichhörnchen
Hase und Kaninchen
Maus

Hase und Kaninchen

Hasen und Kaninchen sind nahe Verwandte. Hasen sind größer als Kaninchen, haben längere Ohren und Beine und leben oberirdisch, während Kaninchen die meiste Zeit in ihren Höhlensystemen verbringen.

△ Der Kalifornische Eselhase lebt in den heißen Wüsten Nordamerikas. Er erträgt die Hitze, weil er über die langen Ohren überschüssige Körperwärme abgibt.

△ Kaninchen lebten ursprünglich in den Ländern um das Mittelmeer. Im Laufe der Zeit wurden sie vom Menschen auf der ganzen Welt angesiedelt.

▽ Kaninchen sind sehr beliebte Haustiere. Wenn du ein Kaninchen hast, musst du es täglich füttern und ihm frisches Wasser hinstellen. Auch sein Stall muss regelmäßig gereinigt werden.

Infokasten
- Kaninchen werfen sieben Mal pro Jahr bis zu 10 Junge.
- Hasen können hervorragend hören und riechen.
- Ein Hase kann ungefähr 55 km/h schnell rennen und bis zu 2,5 m weit springen.

Zum Weiterlesen
Eichhörnchen
Hamster und Meerschweinchen
Ratte
Säugetiere

Heuschrecke

Heuschrecken und Grillen sind langbeinige Insekten, die sich in Sprüngen fortbewegen. Sie können aber auch fliegen. Die Männchen lassen ihren charakteristischen Gesang ertönen, um die Weibchen anzulocken. Heuschrecken reiben dazu die Hinterbeine aneinander, Grillen benutzen zum Zirpen die Vorderflügel.

△ Manche Heuschrecken sind leuchtend bunt. Die Farben warnen Feinde: Bei Gefahr verspritzen diese Heuschrecken einen übel riechenden Stoff.

△ Wanderheuschrecken fallen manchmal in riesigen Schwärmen über die Felder in Afrika her und vernichten die ganze Ernte.

◁ Heuschrecken haben sehr kräftige Hinterbeine mit starken Muskeln. Damit springen sie zwölfmal so hoch wie sie groß sind. Zum Vergleich: Ein Mensch müsste dazu in einem einzigen Satz über ein Haus springen können!

▽ Das Grüne Heupferd wird bis zu 8 cm lang. Es macht „Musik", indem es die Hinterbeine an den Flügeln reibt. Auf diese Weise lockt es Weibchen an. Die Hörorgane der Weibchen befinden sich in den Vorderbeinen.

Infokasten

- Heuschrecken und Grillen leben von Blättern und Gras. Manche fressen auch Insekten.
- Jede Art hat ihren eigenen Gesang.
- Die Maulwurfsgrille kann mit ihren Vorderbeinen graben.

Zum Weiterlesen
Insekten
Käfer
Libelle

Huhn

Hühner und auch Truthühner stammen von Wildvögeln ab und werden seit über 4000 Jahren als Nutztiere gehalten. Sie haben kräftige Schnäbel. Sie können kurze Strecken fliegen, leben aber fast ausschließlich am Boden.

△ Haushühner fressen Grünpflanzen und kleine Insekten. Man füttert sie auch mit Getreide. In Hühnerfarmen werden Hühner in kleinen Käfigen gehalten und bekommen spezielles Futter.

△ Der Hahn hat einen großen Kamm auf dem Kopf und prächtige Schwanzfedern. Bei Tagesanbruch lässt er ein lautes Krähen hören. Weibliche Hühner nennt man Hennen. Sie sind kleiner und unscheinbarer als die Hähne. Man hält sie wegen der Eier und ihres zarten Fleisches.

◁ Truthähne haben einen ungefiederten Kopf und einen dicken Kehllappen. Sie stammen aus Nord- und Mittelamerika und wurden erstmals 1519 von den spanischen Seefahrern nach Europa gebracht.

Zum Weiterlesen
Ente und Gans
Pfau
Schwan
Taube
Vögel

Hummer

Hummer haben einen harten Körperpanzer. Man findet sie in allen Meeren. Die Hummer mit ihren mächtigen Scheren können bis zu 50 cm lang und rund 4 kg schwer werden. Ihre Verwandten, die Flusskrebse im Süßwasser, werden nur halb so groß.

△ Flusskrebse leben in Flüssen oder Seen. Wenn gerade keine Schnecken oder Insektenlarven da sind, fressen sie auch tote Fische oder Wasserpflanzen.

△ Langsam kriecht der Hummer nachts am Meeresgrund entlang. Er sucht tote Fische, die er mit kräftigen Scheren in Portionen zerteilt. Nähert sich ein Feind, schwimmt er mit Hilfe seines Fächerschwanzes schnell davon.

▽ Langusten haben keine Scheren, sondern zwei sehr lange, kräftige Fühler, die sie auch als Peitsche gegen Angreifer einsetzen.

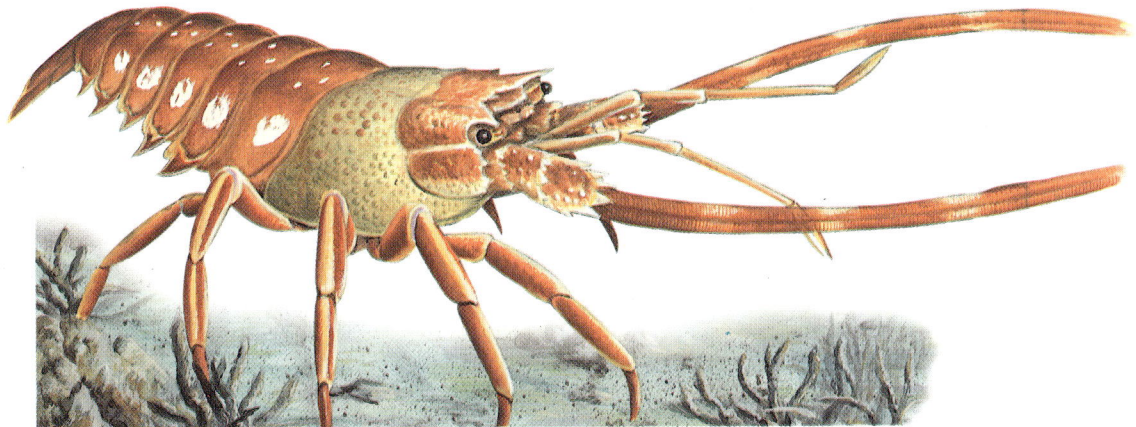

Zum Weiterlesen
Garnele
Krebs
Muscheln

Hund (Haushund)

Der Urahn des Haushundes ist der Wolf. Vor rund 15 000 Jahren begannen Höhlenmenschen in Asien, Wölfe zu zähmen und als Haustiere zu halten. Im Laufe der Zeit wurden die unterschiedlichsten Hunderassen gezüchtet.

▷ Es gibt etwa 400 Hunderassen. Sie werden für unterschiedliche Aufgaben eingesetzt, z.B. als Jagdhunde, Hütehunde, Polizeihunde oder Begleithunde für Blinde. Manche werden auch als Schoßhunde gehalten. Der Berner Sennenhund wird als Blindenhund eingesetzt, der Labrador Retriever ist ein Jagdhund und der kleine Yorkshireterrier ein Schoßhund.

Berner Sennenhund

Yorkshireterrier

Labrador Retriever

▷▽ Der Collie (unten) und der Corgi (rechts) sind Hütehunde. Collies halten noch heute Schafherden zusammen. Corgis hüteten früher Rinderherden, werden aber jetzt meist als Haustiere gehalten.

△ Wenn du einen Hund als Haustier hast, brauchst du Zeit. Du musst ihn jeden Tag ausführen, ihn gut versorgen und pflegen.

Zum Weiterlesen
Fuchs
Hund (Wildhund)
Hyäne
Katze (Hauskatze)
Wolf

Hund (Wildhund)

Wilde Hunde sind in Verhalten und Aussehen den Haushunden ähnlich. Allerdings haben sie für gewöhnlich Angst vor Menschen und lassen sich auch nicht abrichten. Sie sind Fleischfresser und leben meist in Rudeln.

▷ Wie die meisten Wildhunde sind auch die Afrikanischen Wildhunde echte Raubtiere. Sie haben lange Eckzähne zum Reißen der Beute und scharfe Backenzähne, mit denen sie das Fleisch zerkleinern. Sie machen in Gruppen Jagd auf Antilopen, Zebras und Gnus.

◁ Wildhunde verlassen sich beim Jagen auf den Geruchssinn und das Gehör. Haben sie Witterung aufgenommen, sind sie nicht mehr zu halten. Die in Nordamerika lebenden Kojoten (links) heulen, um das Rudel zum Jagen zusammenzurufen.

Infokasten

- Der asiatische Rothund jagt Bergschafe und -ziegen und sogar Hirsche.
- Die Goldschakale in Südosteuropa ernähren sich hauptsächlich von Abfall.
- Kojoten nennt man manchmal auch Präriewölfe.

◁ Schakale leben in Afrika und Asien. Sie sind Einzelgänger und jagen nachts. Manchmal finden sich mehrere bei den Resten einer Löwenmahlzeit ein.

Zum Weiterlesen
Fuchs
Hund (Haushund)
Wolf

Hyäne

Hyänen kommen in Afrika und Südasien vor. Sie ernähren sich teilweise von dem, was andere Raubtiere übrig lassen, reißen aber auch selbst Antilopen und Zebras. Ihre Kiefer sind so stark, dass sie sogar Knochen zerbeißen können, die für Löwen zu hart sind.

△ Schabrackenhyänen und Streifenhyänen sind kleiner und weniger angriffslustig als die Tüpfelhyäne. Sie streifen meist nachts umher und suchen nach Aas.

▷ Von Tüpfelhyänen sagt man, sie würden „lachen". Allerdings klingt ihr Lachen ziemlich schaurig. Sie werden bis zu 2 m lang, leben in Rudeln von 80 bis 100 Tieren und machen gemeinsam Jagd auf Gazellen und junge Löwen.

◁ Der Erdwolf ist ein naher Verwandter der Hyänen. Er lebt im Süden Afrikas und begnügt sich mit Termiten, Ameisen und anderen Insekten als Nahrung.

Zum Weiterlesen
Hund (Wildhund)
Katze (Wildkatze)
Löwe
Wolf

Igel

Igel sind Säugetiere, die in waldreichen Gebieten Europas, Afrikas und Asiens vorkommen. Ihr Rücken ist zum Schutz vor Feinden mit nadelspitzen, harten Stacheln besetzt. Mit diesen setzen sie sich wirksam gegen Feinde zur Wehr. In Asien gibt es auch einige Igelarten, die ein Haarkleid haben.

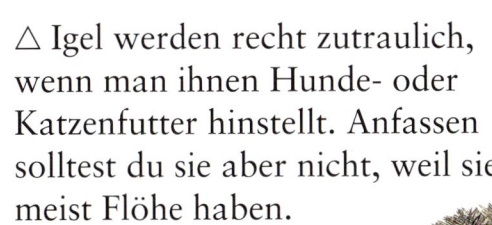

▽ Igel gehen nachts auf Futtersuche. Sie fressen Pflanzen, Insekten und Würmer und gelegentlich fangen sie auch einen Frosch. Igel-Weibchen bekommen meist fünf bis sieben Junge, die sie eine Zeit lang an ihrer stachellosen Brust säugen.

Infokasten
- Igel werden blind geboren und haben anfangs ganz weiche Stacheln.
- Igel schlafen mehr als 20 Stunden am Tag. In kälteren Regionen halten sie in Laubnestern Winterschlaf.
- Auf der Insel Sumatra lebt der 40 cm große Haarigel.

△ Igel werden recht zutraulich, wenn man ihnen Hunde- oder Katzenfutter hinstellt. Anfassen solltest du sie aber nicht, weil sie meist Flöhe haben.

△ Wenn Gefahr droht, rollt sich der Igel zu einer Stachelkugel zusammen. Das schreckt die meisten Angreifer ab, nicht aber die Autos: Viele Igel werden auf den Straßen überfahren. Igel klettern auch auf Bäume und wenn sie abrutschen, dämpfen die Stacheln den Fall.

Zum Weiterlesen
Fuchs
Maulwurf
Stachelschwein
Wiesel

Insekten

Insekten stellen die größte Gruppe von Tierarten dar. Wahrscheinlich gibt es über eine Million Insektenarten auf der Erde. Man findet sie in nahezu allen Gegenden und Lebensräumen.

◁ Insekten bauen oft sehr kunstvolle Nester. Das Kugelnest der Lehmwespe besteht aus vorgekauten Holzfasern. Sie erbeutet Raupen und stopft sie als Futter für ihre Nachkommen in das Nest.

Infokasten
- Das kleinste Insekt ist die Halmfliege mit 0,2 mm Länge.
- Eintagsfliegen leben nur wenige Stunden, manche Käfer Jahre.
- Eine Ameise kann das 50-fache ihres Gewichts schleppen.
- Die größten Kakerlaken sind 10 cm lang.

▷ Alle Insekten haben sechs Beine, ein Paar Fühler (Antennen) und die meisten haben außerdem vier Flügel. Ihr Körper ist dreigliedrig: Er besteht aus Kopf, Brust und Hinterleib. Die Beine befinden sich immer am Brustteil. Insekten sind Wirbellose; sie haben kein inneres Skelett aus Knochen, sondern einen harten Chitinpanzer.

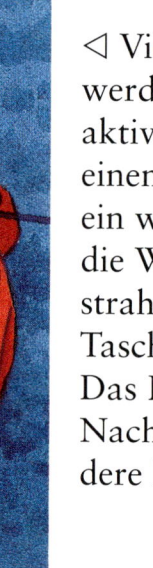

◁ Viele Insekten werden erst nachts aktiv. Hänge an einem Sommerabend ein weißes Tuch an die Wäscheleine und strahle es mit einer Taschenlampe an. Das Licht lockt Nachtfalter und andere Insekten herbei.

Kakerlak

Zum Weiterlesen
Ameise
Biene und Wespe
Fliege
Käfer
Schmetterling

Käfer

Auf der Erde gibt es mehr als 250 000 Arten von Käfern in zahllosen Formen und Größen. Eines aber haben alle gemeinsam: einen harten Panzer oder klappbare harte Deckflügel, unter denen sich die zarten richtigen Flügel befinden.

△ Manche Wasserkäfer greifen Kaulquappen oder Jungfische an. Bevor sie tauchen, sammeln sie an der Wasseroberfläche unter ihren Deckflügeln Luft.

◁ Glühwürmchen sind keine Würmer, sondern Käfer, die am Hinterleib ein Leuchtorgan besitzen. Damit senden sie in regelmäßigen kurzen Abständen Blinksignale aus, um Weibchen anzulocken. Jede der etwa 1900 Arten hat ihr eigenes Blinkmuster. Bei einigen Arten können die Weibchen nicht fliegen.

△ Der Skarabäus oder Pillendreher stellt eine Kugel aus Dung her, in die er ein Ei legt. Die Larve schlüpft und ernährt sich von dem Dung.

▽ Hirschkäfer werden bis zu 7,5 cm lang. Sie haben ihren Namen von den geweihähnlichen Kieferzangen. Die Männchen sind sehr kampflustig.

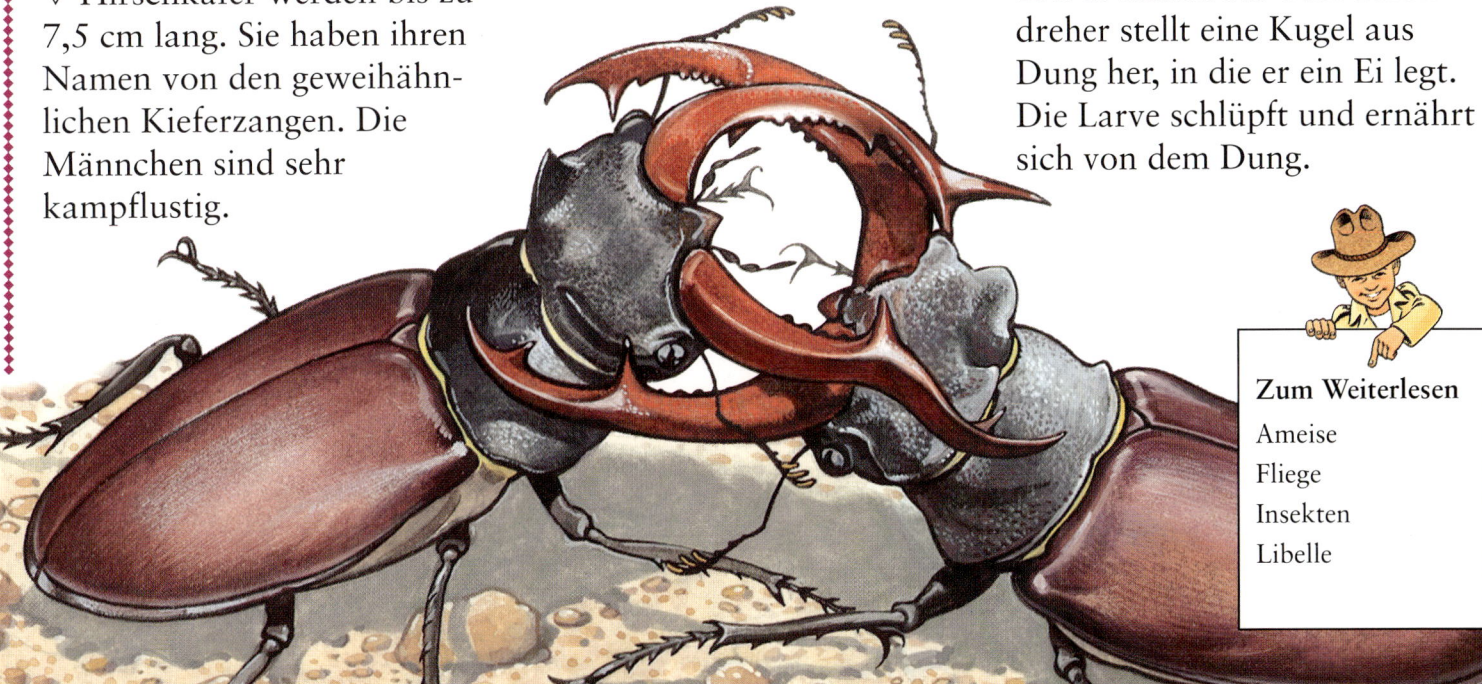

Zum Weiterlesen
Ameise
Fliege
Insekten
Libelle

Kamel

Kamele leben in den trockenen Wüsten der Erde. Auf dem Rücken haben sie Höcker aus Fett. Sie können lange ohne Futter und Wasser auskommen.

Infokasten
- Kamele kommen bis zu 17 Tage ohne Wasser aus.
- Kamele können 100 l Wasser auf einmal trinken.
- Weil Kamele Menschen und Lasten durch die Wüste tragen, nennt man sie „Wüstenschiffe".

▽ Kamele haben sehr breite Füße, damit sie nicht im Sand einsinken.

△ Schon seit mehreren tausend Jahren dienen Kamele als Reit- und Lasttiere.

△ Ein Kamel hat zwei Reihen Augenwimpern, die bei Sandstürmen die Augen schützen. Außerdem kann es seine Nasenlöcher verschließen.

◁ Das Dromedar hat einen Höcker. Es lebt in Nordafrika und Arabien. Das Trampeltier in Zentralasien hat zwei Höcker. Beide Arten gehören zur Familie der Kamele.

Zum Weiterlesen
Antilope
Giraffe
Lama
Rind

Känguru

Kängurus und Wallabys kommen nur in Australien vor. Sie gehören zu den Beuteltieren. Bei diesen Tieren haben die Weibchen eine Bauchtasche, in der das neugeborene Baby die ersten Monate seines Lebens verbringt. Die meisten Kängurus sind reine Pflanzenfresser; einige kleine Arten fressen allerdings auch wirbellose Tiere.

▷ Ein Kängurubaby ist bei der Geburt nur 2 cm lang. Es kriecht über den Bauch der Mutter in den Beutel und saugt sich sofort an einer Zitze fest. Die Mutter leckt eine Spur in ihr Fell, damit der Winzling den Weg in den Beutel finden kann.

△ In Australien gibt es insgesamt 56 Wallaby- und Känguruarten. Die meisten davon leben am Boden, manche aber sind Baumbewohner.

▷ Kängurus bewegen sich in Sprüngen vorwärts. Dabei stoßen sie sich mit den Hinterbeinen ab und halten mit dem muskulösen Schwanz das Gleichgewicht. Manche können 10 m weit springen.

Zum Weiterlesen
Koala
Säugetiere
Schnabeltier

Katze (Hauskatze)

Alle heutigen Hauskatzen stammen von den Wildkatzen ab. Schon vor über 4000 Jahren hielt man im alten Ägypten Katzen als Haustiere. Zwar lassen sich Hauskatzen von uns Menschen füttern, doch haben sie immer noch ihren Jagdinstinkt und scharfe Krallen, spitze Zähne und Augen, mit denen sie im Dunkeln sehen können.

Schildpatt

Blaue Tabby

Siam Chocolate-Point

▷ Es gibt mehr als 40 verschiedene Rassen von Hauskatzen. Manche, z.B. die Siamkatze, haben kurze Fellhaare, andere, wie die Angorakatze, sind langhaarig.

◁ Katzen sind beliebte Haustiere. Sie sind recht selbstständig, müssen aber regelmäßig gefüttert und gut gepflegt werden. Junge Kätzchen müssen zur Sauberkeit erzogen werden. Die meisten Katzen fühlen sich bei Menschen wohl und lassen sich gern streicheln.

▷ Die Nubische Falbkatze ist vermutlich der Urahn der Hauskatze. Aber auch andere wild lebende Katzen wurden gezähmt. Die Nubische Falbkatze sieht den getigerten europäischen Kurzhaarkatzen ähnlich; sie ist aber etwas größer, ihr Schwanz ist buschiger und die Zeichnung weniger auffällig.

Nubische Falbkatze

Hauskatze

Zum Weiterlesen
Gepard
Katze (Wildkatze)
Leopard
Löwe
Puma
Säugetiere

Katze (Wildkatze)

Abgesehen von Löwen und Tigern, die man Großkatzen nennt, sind die meisten wild lebenden Katzen eher klein. In vielen Gegenden werden sie wegen ihres Fells gejagt, das sehr begehrt ist. Die meisten Wildkatzen sind deshalb von der Ausrottung bedroht.

△ Die Wildkatze lebt in den Wäldern Vorderasiens und Europas. Sie geht nachts auf die Jagd und erbeutet Vögel und kleine Säugetiere. Das Weibchen bekommt meist zwei bis sechs Junge.

▽ Der Wüstenluchs lebt im trockenen Buschland Indiens und Afrikas. Er ernährt sich vor allem von Vögeln, die er im Sprung fängt. Wenn ein Ort nicht weit entfernt ist, spricht man auch von einem „Katzensprung".

Infokasten
- Mit 35 cm Länge ist die Rostkatze in Indien die kleinste Wildkatze.
- Die Fischkatze aus Indien hat Pfoten mit Schwimmhäuten.
- Die Wildkatze erreicht bis zu 40 cm Schulterhöhe und wird 10 kg schwer.

△ Der Nordamerikanische Rotluchs hat einen kurzen Stummelschwanz. Er lebt in Wäldern und Wüsten und ernährt sich von Kaninchen, Mäusen und Eichhörnchen.

Zum Weiterlesen
Katze (Hauskatze)
Leopard
Löwe
Tiger

Kiwi

Kiwis sind Laubvögel, die im dichten Unterholz der Wälder Neuseelands leben. Weil man diese Wälder immer weiter abholzt, ist der Kiwi selten geworden. Er hat einen langen Schnabel und kurze Beine. Seine Flügel sind zu klein zum Fliegen. Der Kiwi ist das Nationalsymbol von Neuseeland.

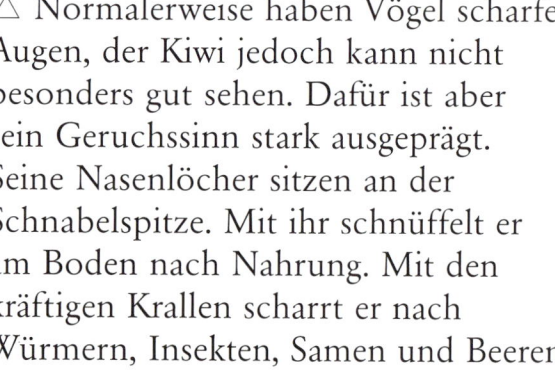

Infokasten
- Kiwis werden so groß wie Hühner und wiegen etwa 4 kg.
- Das Ei des Kiwi wiegt 450 g und ist neunmal größer als ein Hühnerei.
- Kiwis sind mit den ausgestorbenen neuseeländischen Riesenmoas verwandt.

△ Kiwis sind nachtaktiv. Tagsüber schlafen sie in ihren Erdhöhlen. Bei Gefahr laufen sie erstaunlich schnell davon oder sie verteidigen sich mit ihren Krallen.

△ Normalerweise haben Vögel scharfe Augen, der Kiwi jedoch kann nicht besonders gut sehen. Dafür ist aber sein Geruchssinn stark ausgeprägt. Seine Nasenlöcher sitzen an der Schnabelspitze. Mit ihr schnüffelt er am Boden nach Nahrung. Mit den kräftigen Krallen scharrt er nach Würmern, Insekten, Samen und Beeren.

▷ Der neuseeländische Kakapo (Eulenpapagei) lebt ebenfalls am Boden. Weil er flugunfähig ist, fällt er oft Katzen oder Hunden zum Opfer und ist äußerst selten geworden.

Zum Weiterlesen
Papagei
Pinguin
Strauß
Vögel

Klapper-schlange

Klapperschlangen leben in Nord- und Südamerika. Ihren Namen haben sie vom Klappern ihrer Schwanzringe. So teilen sie anderen mit: „Vorsicht! Ich bin giftig!".

◁ In den Sandwüsten Mexikos und im Südwesten der USA lebt der Seitenwinder. Diese Schlange heißt so, weil sie sich seitlich windet und eine typische Spur hinterlässt.

△ Die meisten Klapperschlangen ruhen sich tagsüber aus und jagen nachts kleine Nagetiere.
Mit ihrer gespaltenen Zunge nehmen sie Gerüche in der Luft wahr und mit wärmeempfindlichen Gruben am Kopf die Körperwärme herannahender Säugetiere.

Infokasten
- Am größten ist die Diamantklapperschlange mit 2,5 m Länge.
- Die Klapperschlange hat zwei Giftzähne im Oberkiefer.
- Ein Klapperschlangenbiss kann einen Menschen töten.

▷ Am Schwanzende haben Klapperschlangen Hornringe, mit denen sie das typische Rasseln erzeugen. Du kannst es nachahmen, wenn du Kronkorken mit einem langen Nagel durchbohrst und diesen in ein Stück Holz schlägst (lass dir von einem Erwachsenen helfen).

Zum Weiterlesen
Anakonda
Kobra
Reptilien
Verständigung
Verteidigung

Kleinstlebewesen

Manche Tiere sind so winzig, dass man sie mit bloßem Auge nicht sehen kann. Man kann sie nur unter einem Mikroskop erkennen. Sie kommen überall vor: im Wasser, im Boden, in der Luft – ja, sogar in deinem Bett.

△ Betrachte einmal ein paar Tropfen Teichwasser unter dem Mikroskop. Du wirst staunen, wie viele Lebewesen es darin zu sehen gibt. Wahrscheinlich sind auch Wasserflöhe dabei. Mach dir über deine Beobachtungen Notizen.

Infokasten

- Hausstaubmilben leben vor allem in Bettdecken und Teppichen.
- Viele Menschen haben winzige Balgmilben an den Augenwimpern.
- Manche Käfermilben sind nur 0,25 mm groß.
- Es gibt mehr als 10 000 verschiedene Arten von Milben

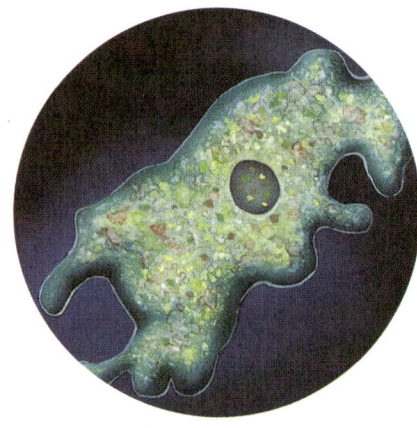

△ Amöben bestehen aus nur einer Zelle. Sie bewegen sich fort, indem sie ihre Gestalt verändern.

▷ Zooplankton besteht aus winzigen Tierchen, die im Meerwasser treiben. Sie sind die Hauptnahrung des größten Tiers der Welt: des Blauwals.

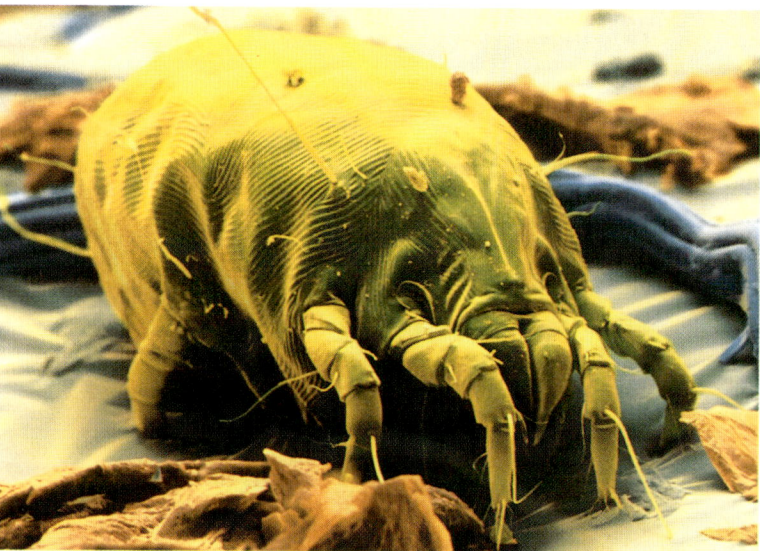

◁ Hausstaubmilben (links, stark vergrößert) sind mit den Spinnen verwandt. Sie fressen abgeschilferte Hautteilchen des Menschen. In jeder Wohnung leben Millionen solcher achtbeiniger Milben.

Zum Weiterlesen
Fortpflanzung
Käfer
Spinne
Wal

Koala

Koalas leben in den Eukalyptuswäldern im Osten Australiens. Weil sie wie kleine Bären aussehen, werden sie oft als Koalabären bezeichnet. In Wirklichkeit aber sind Koalas Beuteltiere, genau wie der Wombat und das Opossum. Koalas kommen nur auf den Boden, um zu einem anderen Baum zu laufen.

△ Die australischen Wombats sehen den Koalas ähnlich. Sie sind jedoch größer – zwischen 70 und 120 cm – und leben am Boden. Den Tag verbringen sie im Grasnest am Ende ihrer langen Erdhöhle. Nachts kommen sie heraus, um nach pflanzlicher Nahrung zu suchen.

▽ Opossums sind die einzigen Beuteltiere, die es außerhalb von Australien gibt. Sie leben in Nord- und Südamerika. Opossums werden ungefähr 50 cm lang und haben einen ebenso langen haarlosen Greifschwanz. Sie sind sehr geschickte Kletterer.

△ Wenn ein Koala-Junges nach 5 – 6 Monaten den Beutel der Mutter verlässt, wird es noch eine Weile huckepack getragen. Koalas ernähren sich von den Blättern und jungen Sprossen von Eukalyptusbäumen. Sie schlafen etwa 18 Stunden am Tag.

Zum Weiterlesen
Känguru
Säugetiere
Schnabeltier

Kobra

Kobras sind Giftschlangen, die man in Afrika und Asien findet. Wegen der auffälligen Zeichnung ihres Nackens nennt man sie auch Brillenschlangen. Der Biss einer Kobra kann tödlich sein, wenn dem Opfer nicht rasch ein Gegengift verabreicht wird.

Infokasten

- Kobras fressen kleinere Wirbeltiere.
- Manche Kobras können ihr Gift dem Gegner zur Abschreckung entgegenspeien.
- Das Gift der Kobra lähmt Herz und Lungen.

△ Die Königskobra lebt in Südchina und Indonesien. Mit 5,5 m Länge ist sie die größte Giftschlange der Erde. Das Königskobra-Weibchen legt bis zu 40 Eier.

▷ In Indien sieht man manchmal Schlangenbeschwörer auf der Straße. Die Kobra folgt den Bewegungen der Flöte und richtet sich dabei „tanzend" aus dem Korb auf.

▽ Der Mungo ist der Hauptfeind der Kobra. Er ist sehr wendig und weicht der Schlange geschickt aus. Ist die Kobra gereizt, richtet sie sich auf und spreizt den Nacken.

Zum Weiterlesen
Echse
Klapperschlange
Reptilien

Kolibri

Kolibris leben hauptsächlich im tropischen Mittel- und Südamerika. Sie können im Flug vor einer Blüte „stehen bleiben". Dabei schlagen ihre Flügel so enorm schnell, dass sie einen Summton erzeugen.

▽ Kolibris haben lange spitze Schnäbel, mit denen sie Nektar aus den Blüten holen.

◁ Der Kolibri braucht zum Fliegen so viel Energie, dass er oft Nektar „tanken" muss. Der Nektar besteht hauptsächlich aus Traubenzucker. Außerdem verzehrt der Kolibri noch Insekten.

△ Wenn ein Kolibri im Schwirrflug vor einer Blüte „steht", schlagen seine Flügel über 100 Mal pro Sekunde. Er kann auch rückwärts fliegen.

Infokasten
- Rubinkehlkolibris fliegen ohne Zwischenlandung 800 km über den Golf von Mexiko.
- Kolibris legen normalerweise zwei Eier, die sie zwei bis drei Wochen lang bebrüten.
- Es gibt von Alaska bis Feuerland über 300 Kolibriarten.

▷ Die meisten Kolibris sind klein. Den Rekord hält die Hummelelfe. Dieser Winzling ist nur 5,5 cm lang – also nicht größer als ein Kinderdaumen.

Zum Weiterlesen
Sperling
Strauß
Tierwanderungen
Vögel

Korallenriff

Korallenriffe findet man in flachen tropischen Meeren. Sie wirken wie herrliche Unterwassergärten. Aber Korallen sind keine Pflanzen, sondern bestehen aus den Skeletten unzähliger winzig kleiner Tierchen.

△ Korallenriffe können sich über tausende von Kilometern erstrecken. Das größte ist das Große Barriereriff vor der Nordostküste Australiens.

▽ Ein Korallenriff beherbergt erstaunlich viele Tiere, z.B. Muränen (unten links), Engelfische (daneben) und Korallen fressende Papageifische (oben). Im Riff sind sie vor Feinden gut geschützt und finden reichlich Nahrung.

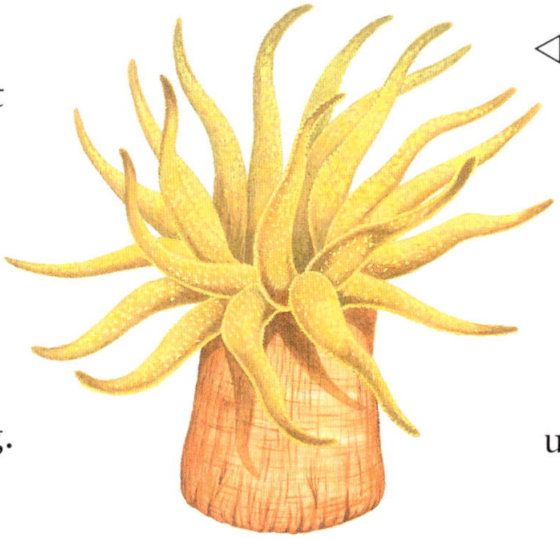

◁ Ein Korallenpolyp hat Tentakeln (Fangarme). Damit fängt er Kleinlebewesen. Mit den Jahren bildet sich um den Fuß des Polypen ein becherförmiges Skelett. Nur dieses bleibt nach seinem Tod übrig. Korallenriffe bestehen aus unzähligen solcher Skelette.

Zum Weiterlesen
Aal
Muscheln
Seepferdchen
Seestern

Krebs

Krebse haben einen harten Panzer und meist zehn Beine. Die zwei vorderen sind zu Scheren umgebildet, mit denen die Krebse ihre Nahrung greifen und sich verteidigen. Die meisten Krebse leben im Meer oder in Küstennähe.

△ Der Einsiedlerkrebs nistet sich in leeren Schneckenhäusern ein. Ist er ein Stück gewachsen, muss er sich nach einem größeren Zuhause umsehen.

▽ Pfeilschwanzkrebse sind eine sehr alte Lebensform und mit Spinnen und Skorpionen verwandt. Sie kommen zu tausenden an die Küste, um im Sand ihre Eier abzulegen.

◁ Manche Krebse haben spezielle „Schwimmbeine". Die Hinterbeine dieser Schwimmkrabbe sind flach wie kleine Paddel.

▷ Winkerkrabben leben in Mangrovensümpfen. Das Männchen hat eine besonders große Schere. In der Paarungszeit winkt es damit ein Weibchen heran.

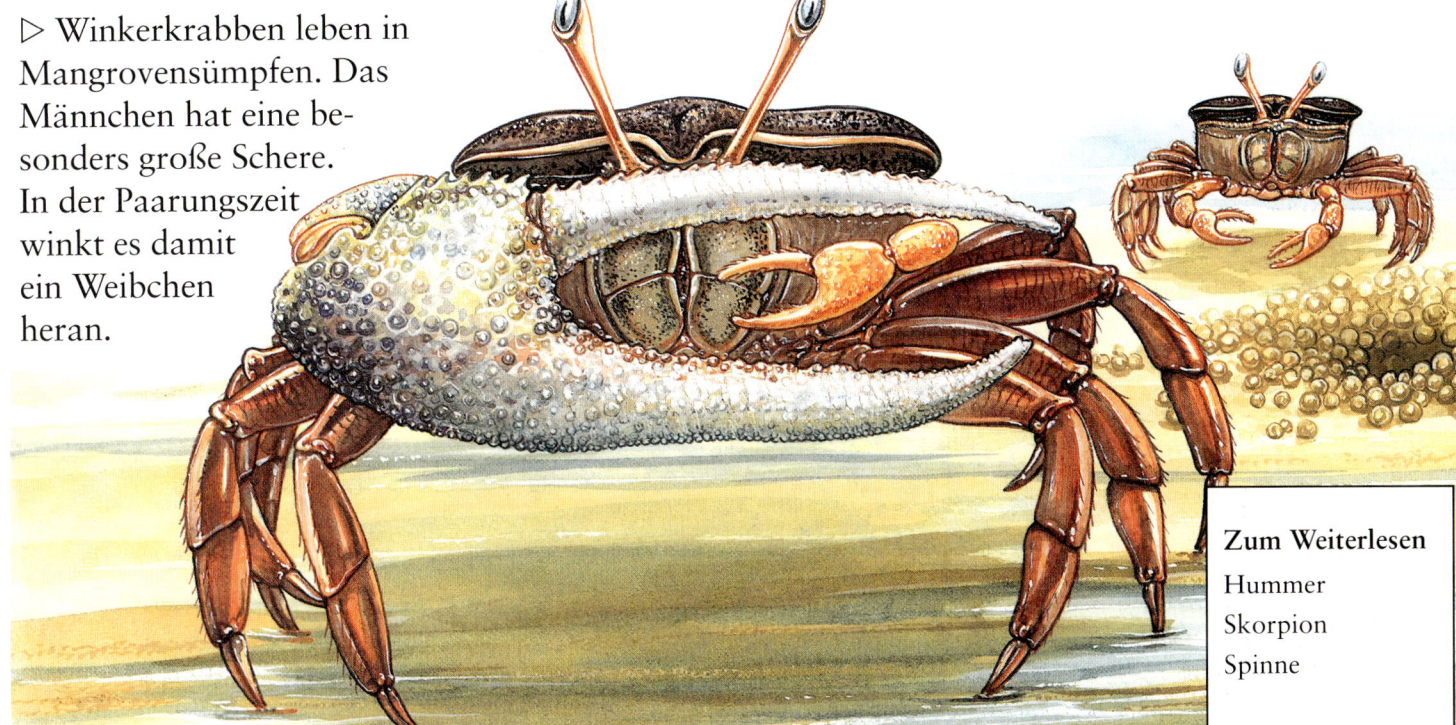

Zum Weiterlesen
Hummer
Skorpion
Spinne

Krokodil und Alligator

Krokodile und Alligatoren sind große Reptilien, die in tropischen Flüssen und Sümpfen leben. Sie lassen sich unter der Wasseroberfläche treiben. Dann sind nur ihre Augen und Nasenlöcher sichtbar. Erspähen sie eine Beute, z.B. einen Fisch oder eine Schildkröte, schnappen sie zu.

△ Krokodile sind Kaltblüter. Die meiste Zeit ihres Lebens verbringen sie im Wasser. Gelegentlich legen sie sich auf Sandbänke im Fluss und lassen sich von der Sonne wärmen.

◁▽ Mississippi-Alligatoren haben eine breitere und kürzere Schnauze als Krokodile und kommen nur in Amerika vor. Beide Reptilienarten haben mächtige Kiefer mit 60 bis 80 scharfen Zähnen, mit denen sie ihre Beute zerreißen.

Infokasten
- Krokodile gibt es schon seit mehr als 200 Millionen Jahren.
- Alligatoren werden bis zu 6 m lang.
- Der größte Vertreter ist das Leistenkrokodil mit fast 8 m Länge.

▽ Krokodile und Alligatoren legen bis zu 90 Eier in ein Nest aus Schlamm und Blättern auf einer Sandbank. Sind die Jungen geschlüpft, rufen sie nach ihrer Mutter, die sie mit dem Maul vorsichtig aus dem Nest hebt und zum Wasser bringt.

Zum Weiterlesen
Echse
Leguan und Waran
Reptilien

Lachs und Forelle

Lachse und auch manche Forellenarten leben in den kalten nördlichen Meeresteilen des Atlantik und Pazifik. Die meisten Forellen sind jedoch Süßwasserfische. Sehr große Lachse können ein Gewicht von 30 kg erreichen, während es Forellen auf rund 13,5 kg bringen.

△ Es gibt zahlreiche Forellenarten. Die auffallend gefärbte Regenbogenforelle (oben) kommt sehr häufig vor. Sie kam von Nordamerika nach Europa und wird als Speisefisch geschätzt.

▽ Bevor die Lachse laichen, schwimmen sie oft mehrere tausend Kilometer vom Meer bis zum Oberlauf des Flusses, in dem sie geboren wurden. Hindernisse wie Wasserfälle überwinden sie mit bis zu 3,5 m hohen Sprüngen.

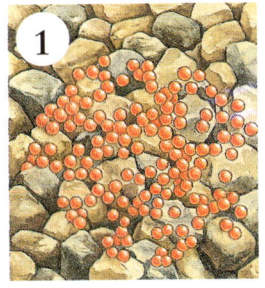 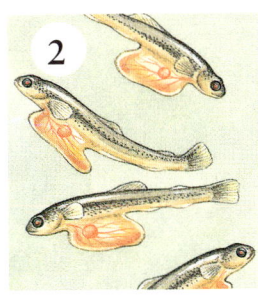

▽ 3 Nach einem Jahr bekommen die jungen Lachse rote Seitenstreifen. 4 Sind die Lachse 15 cm groß, wird ihre Haut silberfarben. Jetzt können sie die Reise flussabwärts zum Meer antreten, wo sie heranwachsen, bis sie zum Laichen wieder flussaufwärts wandern.

△ 1 Das Lachs-Weibchen legt im Kies des Flussbetts Eier ab. Das Männchen befruchtet sie mit seinem Samen. 2 Die jungen Lachse schlüpfen mit einem Dottersack, aus dem sie sich ernähren.

Zum Weiterlesen

Fische
Fortpflanzung
Schwertfisch
Tierwanderungen

Lama

Südamerika ist die Heimat der Lamas und Alpakas. Man findet sie in den Anden und den angrenzenden Ebenen. Beide werden als Nutztiere gehalten und stammen von den wild lebenden Guanakos ab. Lamas, Alpakas und Guanakos gehören zur Familie der Kamele.

△ Guanakos leben in über 4000 m Höhe, man findet sie aber auch in tiefer gelegenen Regionen. Ihr Blut enthält sehr viele rote Blutkörperchen: So können sie die dünne Gebirgsluft atmen.

△ Wie schon zu Zeiten der alten Inka in Peru dienen Lamas noch heute als Lasttiere. Nur das Fleisch der weiblichen Lamas wird gegessen, das der männlichen Tiere ist zu zäh.

▷ Aus der Wolle der Alpakas stellen die Bewohner der Gebirgsregionen Südamerikas Kleidung her. Alpakawolle ist weich und wärmt hervorragend.

Zum Weiterlesen
Kamel
Säugetiere
Yak
Ziege

Lebensraum

Lebensraum nennt man die Umgebung, in der ein Tier lebt und ausreichend Nahrung findet. Die Lebensweise und oft auch die Körperform der verschiedenen Tiere sind dem jeweiligen Lebensraum angepasst.

◁ Schnecken mögen es dunkel und feucht, deshalb leben sie im Gartenboden. Stelle im Garten einen Blumentopf umgekehrt auf. Wenn du ihn nach ein paar Tagen umdrehst, haben sich darin Schnecken und Käfer eingefunden.

Steppe

Regenwald

Wüste

△ Tiere haben sich über lange Zeiträume hinweg ihrem Lebensraum angepasst. So können Kamele in der Wüste leben, weil sie tagelang ohne Wasser auskommen. Ändert sich ein Lebensraum – z.B. weil Wälder abgeholzt werden – müssen sich die Tiere den neuen Gegebenheiten anpassen. Doch anders als der Mensch kann ein Tier sich nicht sofort auf andere Bedingungen umstellen. Die Anpassung geht vielmehr langsam vor sich. Deshalb sterben viele Tiere, wenn ihr Lebensraum sich wesentlich ändert oder gar zerstört wird.

Zum Weiterlesen
Evolution
Giraffe
Kamel
Schimpanse

Leguan und Waran

Warane sind in Afrika, Südasien und Australien verbreitet. Der Komodowaran ist die größte Echse der Welt. Er kann 3 m lang, 135 kg schwer und 100 Jahre alt werden. Er ist nach seiner Heimat – der indonesischen Insel Komodo – benannt.

△ Leguane sind kleiner als Warane und kommen in Nord- und Südamerika vor. Der Grüne Leguan wird etwa 2 m lang und hat einen Rückenkamm. Er ernährt sich fast nur von Pflanzen.

◁ Komodowarane fressen Aas (verrottendes Fleisch), jagen aber auch Wildschweine und Affen. Mit der langen gespaltenen Zunge nehmen sie Witterung auf. Sie beschleichen das Opfer, betäuben es mit einem Schlag ihres muskulösen Schwanzes und zerreißen es mit ihren kräftigen Kiefern.

◁ Die Meerechsen auf den Galapagos-Inseln verbringen die meiste Zeit an der Küste. Ihre Nahrung besteht aus Seetang und anderen Algen, die sie unter Wasser fressen. Manchmal tauchen sie erst nach 20 Minuten wieder auf.

Zum Weiterlesen
Chamäleon
Echse
Molch

Lemur

Lemuren (Makis) leben nur auf Madagaskar. Aber auch dort sind sie selten, weil ihr Lebensraum – der Wald – zerstört wird. Sie ähneln den Affen, gehören aber zu einer anderen Familie: zu den Halbaffen.

▷ Die meisten Lemuren sind Baumbewohner. Eine Ausnahme bildet der Katta, den man fast nur am Boden antrifft. Das Auffälligste an diesem Halbaffen ist sein langer gestreifter Schwanz, den er meist aufrecht trägt.

▽ Der seltene Indri ist mit fast 1,3 m der größte Lemur. Er hat aber nur einen kleinen Stummelschwanz. Anders als seine übrigen Verwandten ist er tagaktiv.

△ Das Aye-Aye ähnelt einem Eichhörnchen. Dass es ein Nachttier ist, sieht man an seinen großen Augen und Ohren. Besonders ungewöhnlich sind seine langen Finger, mit denen es Insekten aus Baumritzen angelt. Man bezeichnet das Aye-Aye deshalb auch als Fingertier.

Infokasten
- Die Lemuren gehören – wie die Affen und die Menschen – zu den Herrentieren.
- Die meisten Lemuren fressen Früchte und Blätter, aber auch Insekten und Eier.
- Der kleinste Lemur ist der Mausmaki. Er wird nur 15 cm lang und 50 g schwer.

Zum Weiterlesen
Affe
Gorilla
Orang-Utan
Schimpanse

Leopard

Leoparden sind die am weitesten verbreiteten Großkatzen. Sie kommen in den Wäldern, Wüsten, Gebirgen und Steppen von Afrika, Indien und Asien vor. Wegen ihres schönen gefleckten Fells werden sie in Indien und Asien stark gejagt und sind dort selten geworden.

△ Leoparden sind Einzelgänger, die sich nur zur Paarung zusammenfinden. Die Weibchen werfen meist drei Junge, die wie junge Katzen am Genick gepackt und herumgetragen werden.

▷ Leoparden sind gute Kletterer. Sie schaffen ihre Beute auf einen Baum, um sie dort in aller Ruhe zu verspeisen. Leoparden jagen Gazellen, Schweine und Affen, fressen aber auch Vögel und Insekten.

◁ Leoparden sind gute Schwimmer und jagen auch im Wasser. Bei Leoparden kommt es hin und wieder vor, dass sie ein schwarzes Fell haben. Dann nennt man sie Schwarze Panther.

Zum Weiterlesen
Gepard
Löwe
Säugetiere
Tiger

Libelle

Libellen oder Wasserjungfern sind sehr schnelle Insekten. Mit Geschwindigkeiten bis zu 55 km/h schwirren sie im Sommer über Teichen und Bächen hin und her. Schlanklibellen (Schlankjungfern) sind dünner und feingliedriger und außerdem eher schlechte Flieger.

△ Die Larven der Libellen nennt man Nymphen. Sie schlüpfen aus den Eiern, die die Libellen auf Wasserpflanzen abgelegt haben. Es dauert zwei Jahre, bis Nymphen zu ausgewachsenen Libellen herangereift sind.

▷ Die durchscheinenden Flügel der Schlankjungfer glitzern in der Sonne, wenn sie sich auf einer Pflanze niederlässt.

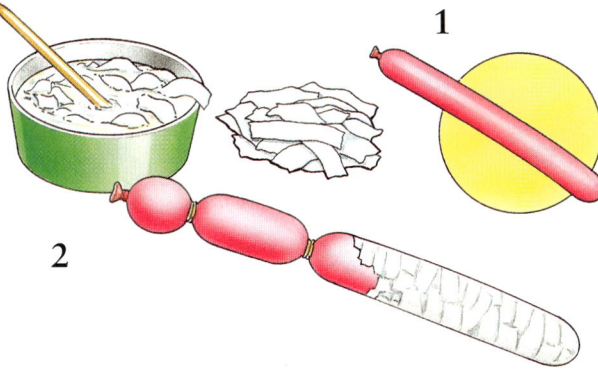

△ **1** Wenn du eine Libelle basteln willst, bläst zu zuerst einen langen Luftballon auf. **2** Du bindest drei Abschnitte ab und beklebst dann diesen „Körper" mit einigen Schichten Pappmaschee. Nach dem Trocknen kannst du ihn bunt anmalen.

▷ **3** Für die Flügel biegst du Draht in Form und spannst Klarsichtfolie darum. Befestige die Flügel und die Füße (aus Pfeifenreinigern) mit Faden am mittleren Körperabschnitt. Die Augen bestehen aus je einem halben Tischtennisball und werden an den Kopf geklebt.

Zum Weiterlesen
Ameise
Biene und Wespe
Fliege
Insekten
Käfer

Löwe

Löwen sind die größten Raubtiere Afrikas. Sie leben in Rudeln in den Savannen. Ein Rudel besteht aus mehreren Weibchen und ihren Jungen sowie wenigen männlichen Tieren. Außer dem Menschen hat der Löwe keine natürlichen Feinde. Er wird als „König der Tiere" bezeichnet.

▽ Die Löwen-Männchen verteidigen das Revier des Rudels gegen Eindringlinge. Meist reicht dazu schon ein Furcht erregendes Brüllen. Erwachsene Löwen-Männchen haben eine mächtige Mähne und ein gelbbraunes Fell, das der Jungen dagegen ist gefleckt.

△ Löwen jagen meist in der Dunkelheit und ruhen sich tagsüber im Schatten der Bäume aus. Sie jagen hauptsächlich Großtiere wie Antilopen, Zebras und Büffel. Die Jagd gehört ebenso wie die Aufzucht der Jungen zu den Aufgaben der Löwinnen.

Zum Weiterlesen
Gepard
Leopard
Puma
Säugetiere
Tiger

Maulwurf

Maulwürfe sind kleine Säugetiere, die man in Europa, Asien und Nordamerika findet. Sie verbringen fast ihr ganzes Leben in Tunnelbauen unter der Erde. Am Röhrenausgang werfen sie einen Erdhügel (Maulwurfshügel) auf.

△ Mit kräftigen Grabschaufeln und scharfen Krallen legt der Maulwurf Gangsysteme an. Er sieht zwar schlecht, hat aber einen guten Geruchssinn. Mit seinen Schnurrhaaren nimmt er kleinste Erschütterungen wahr und findet so Würmer und Insekten.

△ Maulwurfbabys werden in einem Nest tief unter dem Erdhügel geboren. Zuvor haben sich ihre Eltern, als sie das erste Mal zusammentrafen, einen erbitterten Kampf geliefert.

◁ Maulwurfshügel im Garten oder auf der Wiese sieht man vor allem im Herbst, wenn die jungen Maulwürfe den elterlichen Bau verlassen und eigene Tunnel graben.

Infokasten
- Maulwürfe kommen nachts heraus und suchen Baumaterial für ihr Nest.
- Der Sternmull lebt in Nordamerika und hat einen Kranz empfindlicher fleischiger Fühler um die Nase.

◁ Goldmulle leben in trockenen Regionen Afrikas unter der Erde und wühlen im Sand nach Futter. Sie haben ein weiches, seidiges Fell und wie die Maulwürfe einen guten Geruchssinn.

Zum Weiterlesen
Dachs
Maus
Säugetiere
Wurm

Maus

Mäuse sind kleine langschwänzige Nagetiere. Ihre scharfen Vorderzähne wachsen ständig weiter. Damit sie nicht zu lang werden, nagen die Mäuse immerfort an irgendetwas. Manchmal werden Mäuse auch als Streicheltiere gehalten.

△ Feldmäuse fressen Körner, Wurzeln, Früchte und Insekten. Die Hausmaus findet in unserer Speisekammer so manches, was ihr schmeckt.

△ Die Amerikanische Erntemaus kann hervorragend klettern. Sie baut sich auf Getreidestängeln ein kugelförmiges Nest.

▽ Willst du wissen, wie intelligent deine Maus ist? Schneide ein Stück Karton in 15 cm breite Streifen und klebe sie als Labyrinth auf ein Holzbrett. Ins Innere legst du etwas Futter. Dann kann es losgehen. Wie lange wird die Maus brauchen, bis sie das Futter gefunden hat? Und ist sie beim zweiten Mal schneller?

◁ Schlafmäuse (Bilche) kommen in Europa, Afrika und Asien vor. Ihre Nester bauen sie aus Pflanzen und in kälteren Gegenden halten sie Winterschlaf.

Zum Weiterlesen
Biber
Hamster und Meerschweinchen
Nahrung
Ratte

Meeresvögel

Manche Vögel verbringen ihr Leben am oder über dem Meer: Sie ernähren sich von Fischen und nisten an Klippen oder am Strand. Ihren Lebensbedingungen sind sie gut angepasst: Sie haben Schwimmfüße, einen spitzen Schnabel zum Fischefangen und ein Wasser abstoßendes Gefieder.

◁ 1 Die Federn von Meeresvögeln müssen Wasser abstoßend sein, sonst würden sie aufweichen und der Vogel ginge unter. Wenn du eine solche Feder mit Wasser bespritzt, lässt das Fett die Tropfen abperlen.

△ Tölpel sind große weiße Meeresvögel mit schwarzen Flügelspitzen. Sie fliegen über der Wasseroberfläche und sobald sie einen Fischschwarm sichten, tauchen sie tief ins Meer.

▷ 2 Schau dir die Vogelfeder durch eine Lupe an. Die einzelnen Strahlen sind miteinander verhakt und bilden eine glatte Fläche: die Fahne.

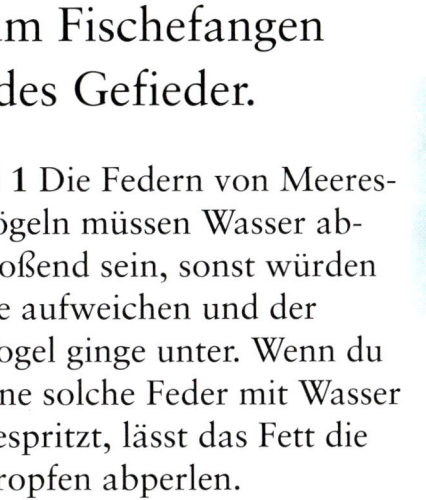

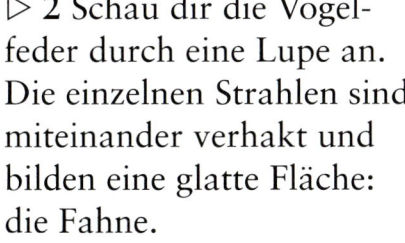

◁ Manche Meeresvögel, z.B. Möwen, bleiben in Küstennähe. Andere, wie Albatrosse, fliegen weit aufs Meer hinaus. Allen ist gemeinsam, dass sie an Land nisten. Die Eier der Trottellumme (links) laufen spitz zu: Werden sie angestoßen, kullern sie im Kreis und fallen nicht von der Klippe.

Zum Weiterlesen
Albatros
Fische
Möwe
Papageientaucher
Pelikan
Pinguin
Vögel

Molch

Molche sind Amphibien, das heißt, sie leben sowohl im Wasser als auch an Land. Ihre Heimat sind die feuchten Wälder Europas, Asiens und Nordamerikas. Anders als die Frösche haben die Molche einen Schwanz.

△ Im Frühling bekommen manche Molch-Männchen eine auffällige Färbung oder einen Rückenkamm. Beides dient dem Anlocken von Weibchen.

◁ Molche durchlaufen verschiedene Entwicklungsstadien. **1** Im Frühling legen die Weibchen im Wasser ihre Eier ab. **2** Aus diesen schlüpfen Kaulquappen mit fiedrigen Kiemen. **3, 4** Die Beine und Lungen entwickeln sich und die Kiemen bilden sich zurück. **5** Im Herbst ist der Molch ausgewachsen und kriecht an Land.

▽ Wasserlebende Molche wie dieser Kammmolch (unten) haben eine feuchte Haut, bei landlebenden Molchen ist sie rau und trocken. Alle Molche kehren zur Fortpflanzung ins Wasser zurück.

△ Molche sind mit den Salamandern verwandt. Auch diese pflanzen sich im Wasser fort. Allerdings sind sie schlechte Schwimmer; im tieferen Wasser ertrinken sie.

Zum Weiterlesen
Echse
Frosch und Kröte
Leguan und Waran

Mörderwal

Mörderwale (auch Killer- oder Schwertwale) gehören zur Familie der Delfine. Sie können 10 m lang werden und erbeuten neben Fischen, Delfinen und Robben sogar andere Wale. Mit ihrem riesigen Maul sehen sie Furcht erregend aus.

▽ Mörderwale orientieren sich, indem sie Klicklaute von sich geben und deren Echo auffangen. Sie leben meist in kleineren Gruppen von etwa zehn Tieren, aber man hat auch schon Gruppen von fast 100 Tieren beobachtet. Wie seine Verwandten ist auch der Mörderwal ein Säugetier und gebärt seine Nachkommen lebend.

Infokasten
- Mörderwale werfen sich manchmal sogar ins flache Wasser am Strand, um an Robben heranzukommen.
- Im Bauch eines im Beringmeer gefangenen Mörderwals fand man sage und schreibe 32 Robben.
- Die Rückenflosse ist beim Männchen fast 2 m hoch.

△ Mörderwale sind schnelle Schwimmer. Mit ihren gerundeten Brustflossen und dem kräftigen Schwanz bringen sie es auf 55 km/h. Man findet sie in den kalten Meeresregionen in der Nähe von Nord- und Südpol.

Zum Weiterlesen
Delfin
Hai
Rochen
Wal

Möwe

Möwen sind Meeresvögel mit Schwimmfüßen. Sie leben meist in Küstennähe, aber man sieht sie gelegentlich auch weiter landeinwärts oder sogar in Städten. Man erkennt sie sehr leicht an ihrem gellenden Geschrei.

△ Möwen fressen Fische, Vogeleier, Würmer und Insekten. In der Nähe von Städten stöbern sie auf Müllhalden nach Futter.

▽ Junge Möwen haben ein weiches Daunenkleid. Sie werden so lange von ihren Eltern versorgt, bis ihnen Flugfedern gewachsen sind.

▽ Möwen nutzen beim Fliegen die starken Aufwinde am Meer. Sie können längere Strecken ohne Flügelschlag gleiten. Viele Möwen nisten an Steilküsten und bilden dort ganze Kolonien.

▽ Die mächtige Mantelmöwe ist ein typischer Raubvogel. Sie erbeutet Eier oder junge Möwen aus den Nestern.

Zum Weiterlesen
Albatros
Ente und Gans
Papageientaucher
Meeresvögel
Vögel

Muscheln

Muscheln gehören wie Schnecken und Tintenfische zu den Weichtieren; ihr weicher Körper wird von harten Schalen geschützt. Muscheln findet man überall auf der Welt in Süß- und in Meerwasser.

△ Nach dem Tod einer Muschel bleiben nur die Schalen übrig. Wenn du am Strand bist, dann sammle viele unterschiedliche Muschelschalen. Später klebst du sie auf und versiehst sie mit den zugehörigen Namen.

> **Infokasten**
> • Manche Muscheln haben nur eine Schalenklappe, andere ein Paar.
> • Muschelschalen bestehen aus Mineralien und sind deshalb sehr hart.
> • Muscheln gab es schon vor 600 Millionen Jahren auf der Erde.

◁ Muscheln leben von Kleinstlebewesen, die sie aus dem Wasser filtern. Manche sitzen ihr ganzes Leben an derselben Stelle: Sie heften sich mit einem Saugfuß oder mit Fäden (Muschelseide) an den Untergrund.

▽ Miesmuscheln habe zwei Schalenklappen, die sich bei Gefahr schließen. Sie heften sich mit Muschelseide so fest ans Gestein, dass nicht einmal Sturmwellen sie wegspülen.

Lambismuschel

Kreiselmuschel

Kaurimuschel

Zum Weiterlesen

Krebs

Tintenfisch und Krake

Nahrung

Alle Tiere brauchen zum Überleben Nahrung. Viele sind Pflanzenfresser, andere Fleischfresser. Eine Reihe von Lebewesen, bei denen eines die Nahrung des anderen ist, nennt man Nahrungskette.

◁ **1** Ein Mobile zeigt, wie eine Nahrungskette funktioniert. Schneide eine Eule, eine Maus und ein Getreidekorn aus farbigem Karton aus.

▷ **2** Die Maus frisst das Getreidekorn und die Eule frisst die Maus. Also hängst du das Korn an einem Faden in die Maus und diese dann in den Bauch der Eule.

Phytoplankton

△ Dieser Puma hat einen Hirsch gerissen. Wenn er seine Mahlzeit beendet hat, bleibt noch genug für Geier, Raben, Kojoten und Maden übrig.

▷ Es gibt viele unterschiedliche Nahrungsketten. Eine davon beginnt im Meer beim Phytoplankton. Das sind winzige Pflanzen, die ihre Nahrung mit Hilfe von Sonnenlicht herstellen.

Ruderfußkrebs

Hering

Kabeljau

Mörderwal

Hafenrobbe

△ In einer Nahrungskette wird nichts verschwendet. Auch die Überreste toter Tiere können Nahrung für andere sein.

◁ Jedes Lebewesen in der Nahrungskette wird von einem größeren gefressen. Der Mörderwal am Ende der Kette ernährt sich also indirekt von Phytoplankton.

Zum Weiterlesen
Kleinstlebewesen
Mörderwal
Puma
Verteidigung

Nashorn

Nashörner (Rhinozerosse) leben in den Steppen Asiens und Afrikas. Sie haben einen massigen Körperbau und ihre dicke panzerartige Haut schützt sie gegen Angreifer. Die spitzen Hörner auf der Nase sind zwar sehr hart, bestehen aber aus einem ähnlichen Material wie Haare.

△ Nashörner werden 5 Tonnen schwer, sind aber trotzdem schnell: Sie erreichen 50 km/h.

▽ Nashörner sehen schlecht, dafür ist aber ihr Geruchssinn sehr gut. Weibchen mit Jungen greifen an, wenn sie sich durch ungewohnte Gerüche oder auch Laute bedroht fühlen, und Männchen sind häufig unberechenbar. Sie lassen es jedoch zu, dass sich Vögel auf ihnen niederlassen und Insekten von ihrer Haut picken.

Panzernashorn   Breitmaulnashorn   Spitzmaulnashorn

△ In Indien lebt das Panzernashorn. Es hat nur ein Horn. Das Breitmaulnashorn lebt in Afrika und hat zwei Hörner. Sein Maul ist fast viereckig. Das afrikanische Spitzmaulnashorn hat zwei Hörner und eine verlängerte Oberlippe, mit der es Knospen und Zweige knabbert.

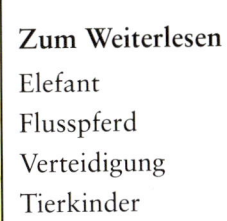

Zum Weiterlesen
Elefant
Flusspferd
Verteidigung
Tierkinder

Orang-Utan

Der Name bedeutet so viel wie „Waldmensch". Und tatsächlich sieht der große Menschenaffe aus dem Regenwald auch ein wenig wie ein haariger Mann aus. Orang-Utans gibt es nur in Südostasien.

Infokasten
- Männliche Orang-Utans werden bis zu 1,5 m groß und 90 kg schwer.
- In der Wildnis leben Orang-Utans etwa 35 Jahre.
- Bei Regen benutzen Orang-Utans ein großes Blatt als Schirm.

▷ Junge Orang-Utans werden von ihren Müttern aufgezogen und bleiben bis zum fünften Lebensjahr bei ihnen.

△ Orang-Utans sind selten geworden, weil ihr Lebensraum, der tropische Regenwald, zerstört wird. Dazu kommt, dass viele Menschen sie als Haustiere halten wollen. Man hat deshalb junge Orang-Utans gewaltsam von ihren Müttern fortgeholt.

▽ Orang-Utans haben lange kräftige Arme. Frühmorgens und abends suchen sie nach wilden Feigen, ihrer Lieblingsmahlzeit. Nachts schlafen sie in ihren Nestern aus Zweigen hoch oben in den riesigen Urwaldbäumen.

Zum Weiterlesen
Affe
Gorilla
Pavian
Schimpanse

Otter

Otter sind Säugetiere, die überall auf der Welt an Flüssen und Meeresküsten vorkommen. Obwohl der Otter seinen Bau an Land hat, verbringt er doch die meiste Zeit im Wasser.

△ Otterweibchen bekommen zwei bis fünf Junge, die sie in einem unterirdischen Bau zur Welt bringen.

Langer Schwanz: Damit steuert der Otter wie mit einem Ruder.

Fell: Es ist sehr dicht und Wasser abstoßend.

Augen und Nase: Sie sind weit oben am Kopf – so kann der Otter beim Schwimmen sehen und atmen.

Schnurrhaare: Damit nimmt er kleinste Bewegungen im Wasser wahr.

Zähne: Sie sind lang und scharf – zum Zuschnappen und zum Knacken von Muscheln.

Füße: Sie haben Schwimmhäute, so dass der Otter schnell vorankommt.

Krallen: Sie sind scharf und dienen zum Graben.

▷ Otter sind ausdauernde Schwimmer; ihre Körperform ist ideal für die Jagd im Wasser. Sie ernähren sich von Fischen und Kleintieren.

▽ Junge Otter verbringen viel Zeit mit Spielen und Kämpfen. Am liebsten lassen sie sich auf Schnee oder Schlamm einen Abhang hinuntergleiten.

△ Seeotter leben in den Küstengewässern des Nordpazifik – von Kalifornien bis Nordjapan. Sie lassen sich gern auf dem Rücken treiben und tragen dabei ihre Jungen auf dem Bauch.

Zum Weiterlesen
Biber
Robbe und Seelöwe
Schnabeltier
Wiesel

Panda

Der Große Panda ist ein Bär, der in bestimmten Bambuswald-Regionen Chinas lebt. In der Wildnis gibt es wahrscheinlich nur noch etwa 1500 Pandas, in den Zoos der Welt werden weitere 100 Tiere gehalten.

▽ Pandas bekommen meist ein Junges, manchmal zwei. Ein Pandababy wiegt bei der Geburt nur 100 Gramm. Anfangs hält die Mutter es ständig an der Brust. Das Kleine wächst sehr schnell und kann nach zehn Wochen selbstständig krabbeln.

△ Pandas ernähren sich ausschließlich von Bambus. Damit sie die Stängel greifen können, haben sie an den Vorderpfoten spezielle Ballen, die sie wie Daumen benutzen. Der Große Panda ist selten geworden, weil man ihn wegen seines Fells gejagt hat und weil die Bambuswälder stark gerodet wurden.

▷ Katzenbären (Kleine Pandas) ähneln Waschbären. Man findet sie von Nepal bis China im Himalaja-Gebirge. Nachts suchen sie nach Wurzeln, Eicheln, Bambus und Früchten.

Zum Weiterlesen
Bär
Eisbär
Säugetiere
Waschbär

Papagei

Papageien kommen in tropischen warmen Gegenden vor. Mit ihrem kräftigen gebogenen Schnabel knacken sie Nüsse auf. An den Füßen haben sie zwei Zehenpaare zum Festhalten und zum Greifen nach Futter.

▷ Der Ara ist ein farbenprächtiger großer Papagei in Südamerika. Er ist sehr launisch und seine durchdringenden Schreie sind im tropischen Regenwald weithin zu hören.

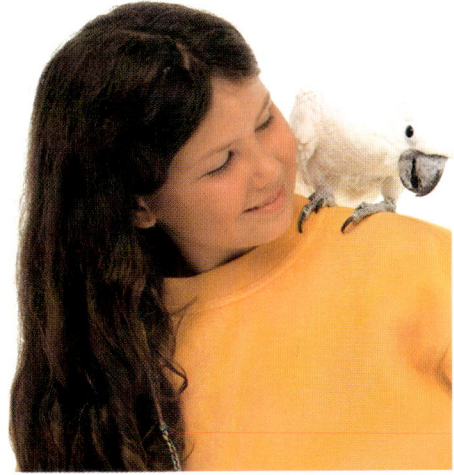

△ Kakadus sind australische Papageien. Der Gelbhaubenkakadu richtet seinen Schopf auf, wenn er aufgeschreckt wird oder erregt ist. Kakadus sind beliebte Haustiere; sie ahmen gern die menschliche Sprache nach.

▷ Diese leuchtend bunt gefärbten Schwarzköpfchen aus Afrika und Madagaskar nennt man auch Unzertrennliche, weil sie meist zu zweit nebeneinander sitzen und die Köpfe zusammenstecken.

Zum Weiterlesen
Hummel
Pfau
Tukan
Vögel

Papageientaucher

Diese kleinen Meeresvögel leben in den kalten nördlichen Regionen des Atlantik und Pazifik. Sie haben einen großen dreieckigen Schnabel, der im Winter unauffällig gelb und im Sommer zur Balz leuchtend bunt gefärbt ist.

△ Der Schopflund ist ein naher Verwandter des Papageientauchers. Seine Haube besteht aus langen strohgelben Federn, die hinter den Augen ansetzen.

△ Papageientaucher leben in großen Kolonien auf Klippen. Sie nisten in langen selbst gegrabenen Tunneln oder verlassenen Kaninchenbauen. Die Weibchen legen ein einziges Ei.

◁ Die Hauptnahrung der Papageientaucher sind Sandaale, die sie bündelweise im Schnabel zu ihrem Nest bringen. Trotz ihres etwas plumpen Körperbaus sind sie schnelle Flieger und geschickte Taucher.

Zum Weiterlesen
Ente und Gans
Möwe
Pinguin
Seeschwalbe
Vögel

Pavian

Paviane sind große Affen, die in Horden von über 100 Tieren leben. Ihre Nahrung ist abwechslungsreich: Nüsse, Früchte und Gras mögen sie ebenso wie Kleintiere und Eier. Paviane leben auf der Arabischen Halbinsel und in Afrika südlich der Sahara.

△ Paviane verwenden sehr viel Zeit auf die Körperpflege. Das schafft Verbundenheit zwischen Müttern und Kindern und auch innerhalb der Horde, die aus miteinander verwandten Tieren sowie einem männlichen Leittier besteht.

▽ Der Mandrill aus dem westafrikanischen Regenwald ist ein Verwandter des Pavians. Erwachsene Männchen haben im Gesicht kahle Stellen, die auffällig gefärbt sind.

▷ Der Dschelada sieht dem Pavian ähnlich. Seine Heimat sind die Bergregionen Äthiopiens. Er hat einen auffälligen roten Fleck auf der Brust, der ihm seinen zweiten Namen gab: Blutpavian. Männliche Dscheladas haben lange Haare an Kopf und Schultern.

Infokasten
- Paviane werden 40 kg schwer und 1,15 m groß.
- Pavian-Männchen sind doppelt so groß wie die Weibchen und haben ein verhorntes Gesäß.
- Wenn Paviane Angst haben, bellen sie wie Hunde.

Zum Weiterlesen
Affe
Gorilla
Orang-Utan
Schimpanse

Pelikan

Der Pelikan hat einen langen, breiten Schnabel, unter dem ein riesiger Kehlsack hängt. In ihn passt dreimal so viel hinein wie in den Magen des Vogels! Zum Fischfang zieht der Pelikan den geöffneten Schnabel durchs Wasser.

▷ Pelikane füttern ihre Jungen mit Fischen, die sie in ihrem Kehlsack zum Nest bringen. Die Küken holen sich das Futter aus dem geöffneten Schnabel.

▷ Der Braunpelikan kommt in Nord- und Südamerika vor. Er fliegt über dem Meer und späht nach Fischschwärmen aus. Wenn er einen entdeckt, taucht er im Sturzflug ins Wasser und schnappt sich gleich mehrere Fische auf einmal.

◁ Rosapelikane, die nur zur Brutzeit rosa und ansonsten weiß sind, arbeiten beim Fischfang zusammen. Eine Gruppe scheucht die Fische mit Fuß- und Schnabelbewegungen ins seichte Wasser; die anderen brauchen die Beute nur noch „abzuschöpfen".

Zum Weiterlesen
Flamingo, Storch und Reiher
Pinguin

Pfau

Pfauen gab es ursprünglich nur in Asien, doch bald wurden sie wegen ihres farbenprächtigen Gefieders überall auf der Welt gehalten. Pfauen fressen Schnecken, Frösche, Insekten und Pflanzen. Sie stoßen laute, durchdringende Rufe aus.

▽ Besonders auffallend sind die glänzenden grünen oder blauen Schwanzfedern des Pfauhahns mit ihrem Augenmuster. Bei der Balz schlägt er ein Rad: Er richtet die Federn auf, um eine Henne anzulocken. Auf dem Kopf trägt er eine feine Federkrone.

▽ Die Pfauhenne hat kurze Schwanzfedern und ist viel unauffälliger gefärbt als der Hahn. So ist sie in ihrem Nest im Unterholz gut getarnt.

Infokasten
- Pfauen haben die längsten Schwanzfedern aller Vögel (über 1,5 m).
- Der Kongopfau hat keinen Schwanzfächer. Er bewohnt ein kleines Gebiet im Kongo und wurde erst im Jahr 1936 entdeckt.

▽ Fasanen gehören zur gleichen Vogelfamilie wie der Pfau. Der Hahn hat ebenfalls lange Schwanzfedern und ein auffälliges Gefieder. Fasanen stammen aus dem Fernen Osten und wurden später auch in anderen Gegenden angesiedelt.

Zum Weiterlesen
Huhn
Vögel

Pferd

Lange Beine, ein großes Herz und riesige Lungen machen Pferde zu ausdauernden Läufern. Das wussten die Menschen schon vor über 5000 Jahren und hielten Pferde zum Reiten und auch als Zugtiere. Das Hauspferd stammt vom Wildpferd ab.

▷ Pferde benennt man nach ihrer Fellfarbe.

◁ Ponys werden oft als Haustiere gehalten. Sie brauchen genügend Auslauf. Man sollte sie regelmäßig reiten und alle paar Wochen ihre Hufe gründlich säubern.

Falbe
Brauner (dunkel)
Braunschimmel
Brauner (hell)
Palomino
Rappschecke
Fuchs
Schecke
Schimmel
Rappe

▽ Striegeln hält das Fell des Ponys gesund. Stell dich dabei niemals direkt hinter das Tier: Wenn es erschrickt, könnte es ausschlagen.

▽ Die Größe von Pferden wird als Stockmaß in Metern und Zentimetern angegeben. Gemessen wird die Höhe am Widerrist, dem höchsten Punkt des Rückens.

Schopf
Mähne
Widerrist
Hinterhand
Schweif
Schulter
Sprunggelenk
Fessel
Huf

Zum Weiterlesen
Esel
Evolution
Säugetiere
Zebra

Pinguin

Pinguine sind Meeresvögel. Sie bewohnen die kältesten Gebiete der Erde. Man findet sie auf den Inseln um die Antarktis sowie an der Südspitze von Afrika, Australien und Südamerika. Pinguine können nicht fliegen, aber sie schwimmen besser und schneller als jeder andere Vogel.

△ Pinguine schwimmen, indem sie ihre kleinen steifen Flügel wie Flossen einsetzen. Schwanz und Füße dienen zum Steuern. Ein Wasser abstoßendes Gefieder und dicke Speckschichten halten sie warm. Sie fressen Fisch und Krill (Kleinkrebse).

◁ Adélie-Pinguine leben in riesigen Kolonien. Wenn sie einen Warnruf ausstoßen oder Partner anlocken wollen, legen sie den Kopf in den Nacken.

△ Kaiserpinguine bauen keine Nester. Stattdessen brüten die Männchen die Eier auf ihren Füßen aus. Wenn die Jungen geschlüpft sind, kuscheln sie sich die ersten Wochen ans warme Gefieder der Eltern.

◁ Der Kaiserpinguin (oben) ist mit 1,2 m der größte Pinguin; am kleinsten ist der Zwergpinguin (links), der kaum 40 cm groß wird.

Zum Weiterlesen
Robbe und Seelöwe
Strauß
Tierkinder

Plattfische

Plattfische sind Raubfische und leben in allen Meeren und vielen Süßwasserseen. Ihre Größe schwankt zwischen 25 cm und 2 m. Sie graben sich im Meeresboden ein, so dass sie für ihre Beute – Muscheln oder kleinere Fische – kaum wahrnehmbar sind.

△ Der Goldbutt aus der Familie der Schollen ist an der Oberseite gefleckt und an der Bauchseite weiß. Die Augen liegen bei Schollen fast immer an der rechten Kopfseite.

Infokasten
- Der Heilbutt lebt im Nordatlantik und erreicht ein Gewicht bis 300 kg.
- Manche Plattfische passen ihre Farbe dem Meeresgrund an. So sind sie beim Beutefang hervorragend getarnt.

▽ Auch Tiefseeangler halten sich am Meeresgrund auf. Eine ihrer Rückenflossen ist zu Stacheln umgebildet. Der vorderste Stachel hat an der Spitze einen Hautlappen, der wie ein Wurm aussieht. Mit diesem „Köder" lockt der Anglerfisch Beutetiere an.

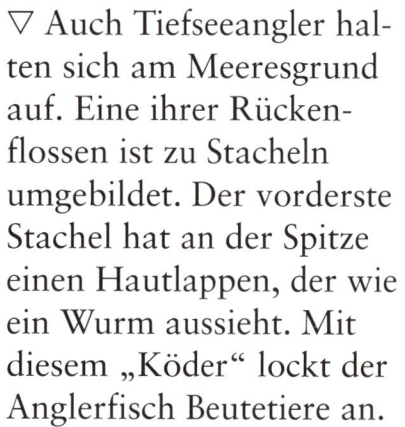

△ Junge Plattfische haben die Augen beiderseits des Kopfes. Später wandert das eine Auge auf die andere Seite. Körper und Kopf werden flach und das Maul kommt auf der gleichen Seite zu liegen wie die Augen.

Zum Weiterlesen
Fische
Muscheln
Rochen
Tiefseefische

Puma

Pumas sind schlanke Raubkatzen mit dichtem Fell. Sie leben in Nord- und Südamerika. Man nennt sie auch Berglöwen, obwohl sie keineswegs nur im Gebirge zu Hause sind.

△ Weil Pumas meist nachts jagen, müssen sie auch im Dunkeln gut sehen. Wie alle Katzen haben sie eine reflektierende Schicht im Augeninnern, die das Licht auf die Netzhaut zurückwirft.

△ **1** Um zu verstehen, wie ein Puma sieht, schneidest du ein „Auge" in schwarzes Papier. Dann befestigst du das Papier mit Gummiband auf einer spiegelnden Metalldose.

▷ **2** Nun legst du die Dose in einem dunklen Zimmer vor einen dunklen Hintergrund und leuchtest mit einer Taschenlampe das „Auge" an: Ein glühendes Katzenauge wird dich anstarren.

Infokasten
- Der Puma „miaut" ähnlich wie eine Hauskatze, allerdings lauter.
- Puma-Männchen werden bis zu 1,6 m lang.
- Pumas erbeuten Hirsche und kleinere Säugetiere.

◁ Das Puma-Weibchen bekommt bis zu fünf gefleckte Junge. Wenn die kleinen Pumas zwei Monate alt sind, dürfen sie ihre Mutter begleiten, um von ihr das Jagen zu lernen.

Zum Weiterlesen
Gepard
Katze (Hauskatze)
Katze (Wildkatze)
Leopard
Löwe
Tiger

Qualle

Quallen sind Meeresbewohner. Sie haben einen weichen glocken- oder schirmförmigen Körper, der fast nur aus Wasser besteht. Manche Quallen haben nur wenige Zentimeter Durchmesser, andere über zwei Meter.

▽ Die australische Würfelqualle lähmt ihre Beute mit giftigen Tentakeln und schiebt sie dann in ihren durchsichtigen glockenförmigen Körper.

▽ Die Portugiesische Galeere hat einen luftgefüllten Schwimmkörper, der an der Wasseroberfläche treibt. Dabei zieht sie ihre bis zu 50 m langen Tentakeln hinter sich her. Mit ihnen lähmt sie kleine Fische, aber sie sind auch für Schwimmer gefährlich.

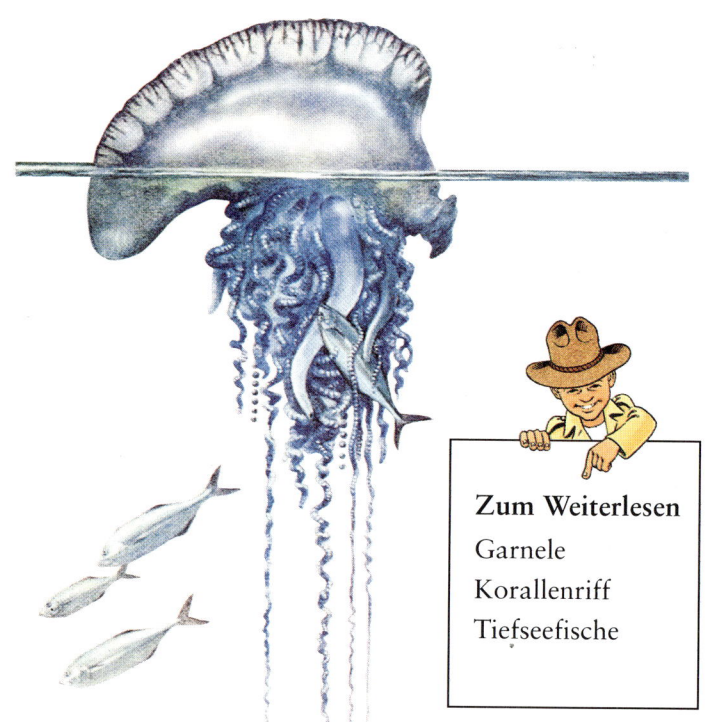

△ Manche Quallen werden von Meeresströmungen durchs Wasser getrieben. Andere bewegen sich selbstständig, indem sie Wasser in ihren Körper pumpen und wieder ausstoßen.

Infokasten
- Manche Quallen leben in Schwärmen von bis zu tausend Tieren.
- In der Nordsee lebt die Gelbe Haarqualle, die Verbrennungen verursacht.
- Auch in der Tiefsee findet man Quallen.

Zum Weiterlesen
Garnele
Korallenriff
Tiefseefische

Ratte

Ratten sind intelligente, gesellig lebende Nagetiere mit scharfen Zähnen und einem langen, unbehaarten Schwanz. Am weitesten verbreitet sind die Wanderratte und die Hausratte.

△ Die Hausratte und die Wanderratte kamen ursprünglich aus Asien. Inzwischen sind sie überall dort zu finden, wo Menschen leben. Auf der Welt dürfte es genauso viele Ratten wie Menschen geben.

△ Weibliche Haus- und Wanderratten werfen bis zu sieben Mal im Jahr zwischen 6 und 22 Junge.

▷ Die Buschratten in Nordamerika bauen ihre Nester aus Pflanzenmaterial. Nachts kommen sie hervor und fressen Gräser und Getreide.

Infokasten
- Auf der Welt gibt es etwa 120 Arten von Ratten.
- Ratten können etwa 30 Krankheiten auf den Menschen übertragen.
- Im Mittelalter starb ein Viertel der damaligen Bevölkerung Europas an der Pest, die von Ratten übertragen wurde.

▷ Ratten gelten als Schädlinge, weil sie Krankheiten übertragen und Nahrungsvorräte vernichten. Manchmal zernagen sie sogar elektrische Leitungen.

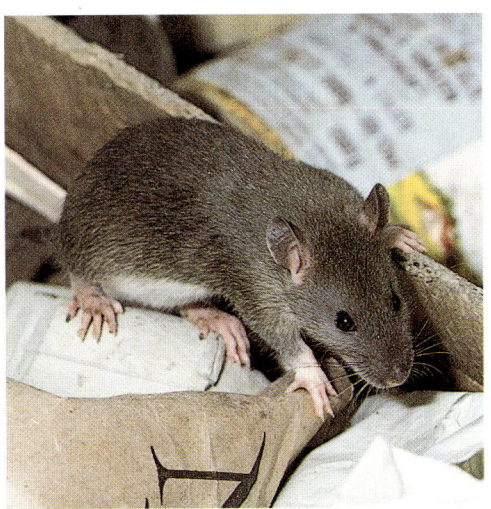

Zum Weiterlesen
Biber
Hamster und Meerschweinchen
Maus

Rentier

Rentiere leben im hohen Norden: in der Tundra und in den Waldgebieten von Asien, Europa und Nordamerika. Der Südosten Kanadas ist die Heimat des Karibus, das eng mit dem Rentier verwandt ist.

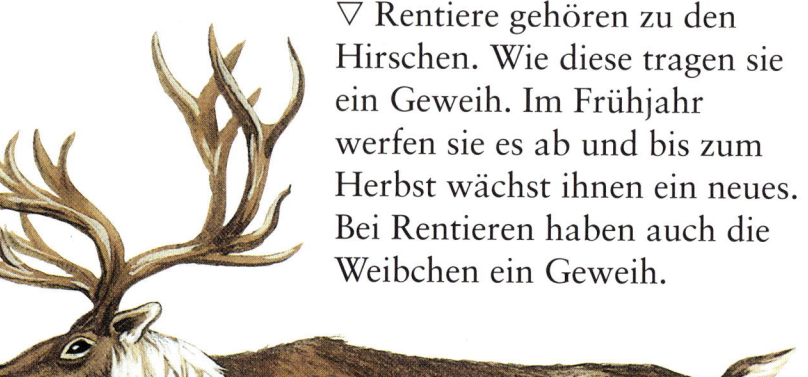

▽ Rentiere gehören zu den Hirschen. Wie diese tragen sie ein Geweih. Im Frühjahr werfen sie es ab und bis zum Herbst wächst ihnen ein neues. Bei Rentieren haben auch die Weibchen ein Geweih.

△ Rentiere fressen Gras, Flechten und Zweige. Im Winter scharren sie mit ihren Hufen im Schnee nach Nahrung. Während der kalten Jahreszeit ist ihr Fell grau, im Sommer wird es braun.

▽ Rentiere werden seit über 3000 Jahren als Zug- und Tragtiere eingesetzt. Aber auch ihr Fleisch und das Fell werden geschätzt. Das Karibu, das besonders große Schaufeln hat, kommt nur wild lebend vor.

◁ Wild lebende Rentiere und Karibus ziehen im Herbst nach Süden und im Frühling wieder nordwärts. Junge und schwache Tiere fallen dabei oft hungrigen Wölfen zum Opfer.

Zum Weiterlesen
Elch
Rothirsch
Säugetiere
Tierwanderungen

Reptilien

Reptilien sind Wirbeltiere mit harter Schuppenhaut. Manche leben an Land, andere im Wasser. Es gibt eine Vielzahl von Reptilien, zum Beispiel Schildkröten, Schlangen und Krokodile. Die meisten leben in warmen Gegenden.

△ Einige Schlangenarten sind gefährlich, doch die meisten sind harmlos. Schlangenhaut fühlt sich trocken an und nicht glitschig, wie man glauben könnte.

△ Mit Karton und verschiedenfarbigen Linsen kannst du ein Reptil basteln: Zeichne den Umriss einer Eidechse auf den Karton und klebe dann die Linsen als Schuppen auf.

▷ Reptilien sind wechselwarm, ihr Körper ist immer nur so warm wie die Umgebung. Will sich eine Echse aufwärmen, muss sie sich in die Sonne setzen.

▽ Manche Reptilien nehmen Gerüche mit der Zunge wahr. Sie strecken sie heraus und „schmecken" damit den Geruch. Auf diese Weise finden sie ihre Beute.

△ Die meisten Reptilien legen Eier. Schildkröten- und Krokodileier haben eine harte Schale, Echseneier eine weiche.

Zum Weiterlesen
Echse
Klapperschlange
Krokodil und Alligator
Schildkröte
Leguan und Waran

Rind

Rinder werden in der ganzen Welt als Haustiere gehalten. Sie liefern Milch, Fleisch und Häute für Leder, aus dem man Kleidung und Schuhe herstellt. Das weibliche Rind nennt man Kuh, das männliche heißt Stier oder Bulle.

Friesische Bunte

Jerseykuh

Herefordstier

Schottische Hochlandkuh

△ Milchkühe müssen zweimal am Tag gemolken werden. Von Hand ist das eine mühselige und Zeit raubende Arbeit, darum verwendet man in der modernen Landwirtschaft Melkmaschinen.

△ Rinder sind kräftige und meist gutmütige Tiere. In vielen Ländern der Erde werden sie in der Landwirtschaft eingesetzt und ziehen Pflüge und Karren.

△ Die Rinderzucht hat über 250 Rinderrassen hervorgebracht, von denen jede besondere Vorzüge hat: Friesische Bunte geben viel und Jerseykühe besonders fettreiche Milch. Herefordrinder liefern gutes Fleisch und Schottische Hochlandrinder sind unempfindlich gegen Kälte.

Zum Weiterlesen
Bison
Büffel
Schwein

Robbe und Seelöwe

Robben und Seelöwen sind hervorragende Schwimmer und Taucher. Bis zu 30 Minuten können sie unter Wasser bleiben, dann müssen sie zum Atmen an die Oberfläche. Ihre Hauptnahrung sind Fische und Pinguine.

▽ Anders als Robben können Seelöwen sich auf ihren Flossen vorwärts bewegen. Die Männchen tragen am Hals einen „Pelzkragen", der einer Löwenmähne ähnelt.

▽ Robben fangen ihre Beute unter Wasser und verspeisen sie an der Oberfläche.

◁ Robben- und Seelöwen-Mütter säugen ihre Jungen. Die Muttermilch enthält viel Fett; sie ist sehr nahrhaft, so dass die Jungen rasch wachsen.

▽ Männliche See-Elefanten sind die größten Robben der Welt. Ihren Namen haben sie von ihrer verlängerten Nase, die an einen Rüssel erinnert.

Infokasten
- Die Baikalrobbe in Russland lebt als Einzige in Süßwasser.
- Seelöwen bilden Kolonien aus mehreren hunderttausend Tieren.
- Mönchsrobben gehören zu den wenigen Arten, die in tropischen Gewässern leben, z.B. im Karibischen Meer.

Zum Weiterlesen
Delfin
Mörderwal
Pinguin
Wal

Rochen

Rochen haben große flache Brustflossen, die wie Flügel aussehen. Ihre Augen sind an der Oberseite des Körpers und die Mundöffnung ist unten. Rochen lauern halb im Sand eingebuddelt am Meeresboden: Sie fressen kleinere Fische und Muscheln. Man findet sie vor allem in Warmwasserregionen.

△ Der Riesenmanta erreicht 7 m Spannweite. Manchmal springt er aus dem Wasser, um kleinere Tiere von seiner Haut abzuschütteln.

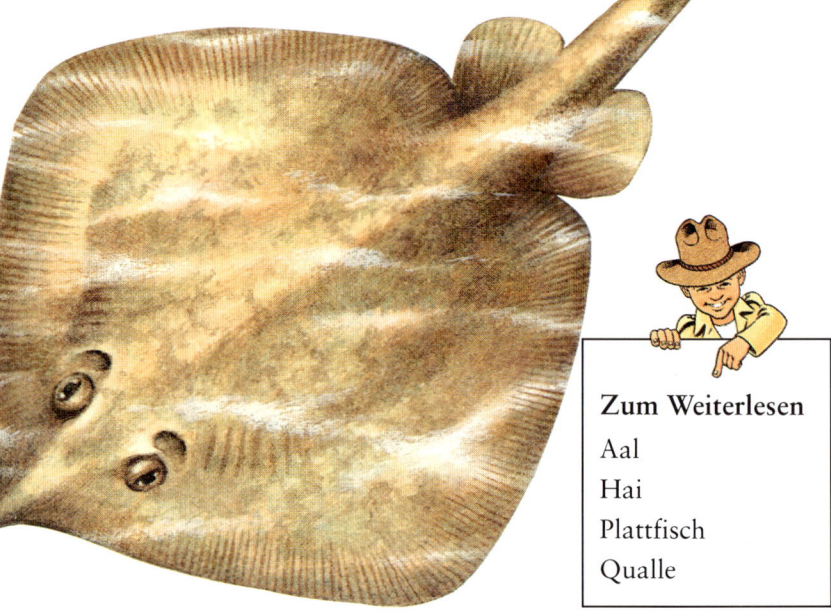

Infokasten
- Zitterrochen haben ein kleines Maul und winzige Zähne.
- Der Manta wird wegen seiner „Hörner" auch Teufelsrochen genannt.
- Mit seinen „Hörnern" dirigiert der Manta winzige Meereslebewesen (Plankton) zu seiner Mundöffnung.

△ Der Zitterrochen heißt auch Elektrischer Rochen. Er lähmt seine Beute mit starken Stromschlägen bis 220 Volt. Die Elektrizität wird von Muskeln im Kopf erzeugt.

▷ Stechrochen benutzen ihren Schwanz als Waffe gegen Angreifer.

Zum Weiterlesen
Aal
Hai
Plattfisch
Qualle

Rothirsch

Rothirsche findet man in Europa, Asien und Nordamerika. Im Sommer ist ihr Fell rötlich braun, im Winter eher graubraun. Der Mitteleuropäische Rothirsch lebt in Rudeln. Erwachsene Männchen werden bis zu 2,5 m lang.

△ 1 Von der Spur eines Rothirsches kannst du einen Gipsabdruck machen. Nimm einen Streifen Karton von 6 cm Breite und 50 cm Länge und lege ihn als Ring um den Hufabdruck. Klebe die Enden zusammen.

△ 2 Nun rührst du in einem Eimerchen etwas Gips mit Wasser an, bis ein dickflüssiger Brei entsteht. Den Gipsbrei gießt du in den Ring, und zwar bis zur Oberkante des Streifens.

△ Jedes Jahr wächst den männlichen Rothirschen ein neues Geweih. In der Paarungszeit tragen sie erbitterte Kämpfe um die Führung des Rudels miteinander aus.

△ 3 Wenn der Gips ausgehärtet ist, kannst du den Abdruck mit nach Hause nehmen. Nun brauchst du nur noch den Kartonstreifen zu entfernen und die haften gebliebene Erde mit einer alten Zahnbürste abzuputzen.

Zum Weiterlesen
Antilope
Elch
Rentier
Säugetiere

Säugetiere

Säugetiere sind die am höchsten entwickelten warmblütigen Wirbeltiere und auf der ganzen Welt verbreitet. Es gibt etwa 4000 verschiedene Arten: Die kleinste ist die 5 cm lange Spitzmaus und die größte der 30 m lange Blauwal. Auch der Mensch wird zu den Säugern gerechnet.

△ Mensch und Katze sind Säuger. Sie haben Haare beziehungsweise ein Fell und besitzen beide ein Kieferknochengelenk – ein typisches Säugetier-Merkmal.

△ Säugetiere fressen entweder Fleisch oder Pflanzen – oder auch beides, wie das Buschbaby. Es gehört zu den Primaten (Herrentieren): Das sind Säuger, die unter anderem Gegenstände mit den Händen greifen können.

▽ In der ersten Zeit saugen die Kleinen Milch aus der Brust der Mutter. Daher kommt der Name „Säugetiere". Alle Säuger sind lebend gebärend. Nur das Schnabeltier legt Eier.

▷ Warmblüter haben immer die gleiche Körpertemperatur, egal wie warm oder kalt ihre Umgebung ist. Wenn du mit einem Thermometer oder einem Thermostreifen deine Temperatur misst, dann beträgt sie immer etwa 37 °C, ob im warmen Zimmer oder im verschneiten Garten.

Zum Weiterlesen
Evolution
Fortpflanzung
Hase und Kaninchen
Tierkinder

Schaf

Schafe wurden erstmals vor über 7000 Jahren im Nahen Osten als Nutztiere gehalten. Heute züchtet man sie vor allem wegen ihrer Wolle und des Fleisches. Schafe gehören wie Rinder zu den Wiederkäuern.

Southdownschaf

Hampshireschaf

Romneyschaf

Blackfaceschaf

△ Das Hausschaf wirft ein bis drei Lämmer. Manche neugeborenen Lämmchen sind so schwach, dass man sie mit der Flasche aufziehen muss. Wildschafe bringen immer nur ein Lamm zur Welt.

◁ Es gibt über 700 Millionen Schafe auf der Welt. Insgesamt kennt man mehr als 800 Zuchtrassen, die an unterschiedliche Klimazonen angepasst sind.

▷ Wildschafe haben ein Fell aus langen Haaren, das sie im kalten Gebirgsklima schützt. Im Winter wächst ihnen ein dichtes Unterfell (das Vlies), das sie im Frühling wieder verlieren. Hausschafe werden geschoren, bevor der Haarwechsel beginnt.

Zum Weiterlesen
Rind
Säugetiere
Schwein
Ziege

Schildkröte

Schildkröten sind Reptilien, die in warmen Klimazonen leben. Manche können schwimmen und leben im Meer, andere sind Landbewohner. Ihr weicher Körper wird von einem robusten harten Panzer geschützt.

Infokasten
- Die sogenannte Suppenschildkröte kann in nur zehn Tagen 480 km schwimmen.
- Manche Arten, wie die Fransenschildkröte, leben im Süßwasser.
- Die bis zu 2,7 m lange Lederschildkröte lebt im Meer.

△ Viele Schildkröten verbringen ihr ganzes Leben im Meer. Mit ihren paddelförmigen Beinen können sie gut schwimmen. Die Weibchen kommen zur Eiablage an den Strand zurück, an dem sie selbst geboren wurden.

◁ Landschildkröten gibt es in Afrika, Asien, Europa, Süd- und Nordamerika. Sie wachsen sehr langsam und können über 150 Jahre alt werden.

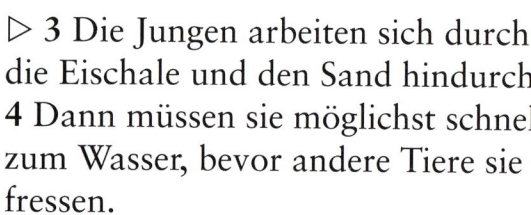

◁ 1 Das Schildkröten-Weibchen verlässt das Wasser, um Eier abzulegen. 2 Es vergräbt die Eier im Sand und kehrt dann ins Meer zurück. Die Sonne wärmt die Eier, bis die Jungen schlüpfen.

▷ 3 Die Jungen arbeiten sich durch die Eischale und den Sand hindurch. 4 Dann müssen sie möglichst schnell zum Wasser, bevor andere Tiere sie fressen.

Zum Weiterlesen
Chamäleon
Echse
Fortpflanzung
Reptilien

Schimpanse

Die intelligenten Schimpansen sind unsere nächsten Verwandten im Tierreich. Sie leben in den tropischen Regenwäldern und anderen baumreichen Gegenden Afrikas. Ihre Hauptnahrung sind Früchte und Blätter. Sie mögen aber auch Termiten und Ameisen.

△ Schimpansen stochern mit Zweigen Ameisen aus ihren Bauten und schlagen mit Steinen harte Nussschalen auf.

Infokasten
- Schimpansen-Männchen sind, wenn sie sich aufrichten, bis zu 1,6 m groß. Die Weibchen sind etwas kleiner.
- Schimpansen werden bis zu 60 Jahre alt.
- Sie haben keinen Schwanz.
- Schimpansen leben in Gruppen von 15 bis 80 Tieren zusammen.

△ Die meiste Zeit verbringen Schimpansen in den Bäumen. Mit ihren langen Armen schwingen sie sich von Ast zu Ast. Zum Schlafen bauen sie Nester aus Blättern.

◁ Schimpansen bewegen sich meist auf allen Vieren vorwärts, können aber auch aufrecht gehen. Wenn sie angegriffen werden, schreien sie laut und werfen mit Steinen.

Zum Weiterlesen
Affe
Gorilla
Lemur
Orang-Utan
Pavian

Schmetterling

Schmetterlinge (Falter) gehören zu den Insekten. Man findet sie überall auf der Welt, besonders aber in wärmeren Gebieten. Tagfalter sind meist bunt, Nachtfalter eher unauffällig gefärbt.

△ Der Schwalbenschwanz heißt so, weil seine Flügel wie die einer Schwalbe spitz zulaufen.

1 Ei
2 Raupe
3 Puppe
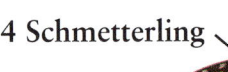
4 Schmetterling

△ **1** Das Schmetterling-Weibchen legt Eier, aus denen Raupen schlüpfen. **2, 3** Die Raupen fressen Blätter und wachsen schnell. Sie spinnen sich in einen Kokon ein (Puppe). **4** Daraus schlüpft nach einiger Zeit der fertige Schmetterling.

▽ Der Afrikanische Totenkopfschwärmer hat seinen Namen von der totenkopfähnlichen Rückenzeichnung.

◁ Du kannst beobachten, wie aus Raupen Schmetterlinge werden. Sammle in einem großen Glas ein paar Raupen und lege Zweige mit grünen Blättern hinein. Über das Glas spannst du mit Gummiband ein Netz. Dann fütterst du die Raupen täglich mit frischen Blättern, bis sie sich verpuppt haben. Vergiss nicht, später die Schmetterlinge freizulassen.

Zum Weiterlesen
Biene und Wespe
Fortpflanzung
Heuschrecke
Insekten

Schnabeltier

Eines der seltsamsten Lebewesen ist das Schnabeltier. Es hat einen Schwanz wie ein Biber, einen Schnabel wie eine Ente und Schwimmfüße. Es legt Eier wie ein Reptil, säugt aber seine Jungen mit Milch, wie es die Säugetiere tun. Das Schnabeltier gehört zu den Kloakentieren.

△ Das Schnabeltier ist in Australien und Tasmanien zu Hause. Wie der Otter lebt es in einer unterirdischen Höhle und jagt im Wasser.

◁ Das Schnabeltier hat ein Fellkleid wie der Otter; sogar sein flacher Schwanz ist behaart. Beim Schwimmen paddelt es mit den Vorderfüßen und steuert mit Hinterfüßen und Schwanz. Mit seinem empfindlichen Schnabel stöbert es am Grund schlammiger Flüsse und Seen nach Krebsen, Würmern, Fröschen und kleinen Fischen. Ein Schnabeltier nimmt am Tag so viel Nahrung zu sich wie es selbst wiegt.

Infokasten
- Auch der Ameisenigel, der in Australien und Neuguinea lebt, gehört zu den Kloakentieren.
- Das Schnabeltier wird etwa 60 cm lang.
- Jedes Schnabeltier hat seine eigene Höhle, deren Gang ins Wasser mündet.

▷ Das Weibchen baut am Ende der Höhle ein Nest und legt dann zwei oder drei Eier. Es verschließt die Höhle, damit kein Räuber eindringt, und brütet etwa zehn Tage lang.

Zum Weiterlesen
Säugetiere
Reptilien
Otter

Schnecke

Schnecken findet man überall auf der Welt, an Land wie auch im Wasser. Sie haben einen muskulösen Fuß, einen Eingeweidesack mit den inneren Organen und einen Kopf mit Fühlern. Es gibt Schnecken mit und ohne Gehäuse. Letztere heißen Nacktschnecken.

◁ Wenn du Schnecken auf eine Glasplatte setzt, kannst du beobachten, wie sie sich bewegen. Sie scheiden Schleim ab, der ihnen das Vorwärtskommen erleichtert.

△ Weinberg- und Nacktschnecken ernähren sich meist von verrottendem Pflanzenmaterial. Manchmal tun sie sich auch an jungem Salat gütlich und gelten deshalb als Gartenschädlinge. Sie haben tausende winziger Zähnchen.

▽ Schnecken bewegen sich zwar langsam, aber dennoch kann ein Schneckenrennen sehr spannend sein. Teile ein Brett mit Fäden und Reißzwecken in drei Spuren und zeichne eine Start- und eine Ziellinie ein. Die Schnecke, die als Erste über die Ziellinie kriecht, ist Sieger.

Infokasten
- Landschnecken atmen mit Lungen, Wasserschnecken haben Kiemen.
- Die Afrikanische Riesenschnecke kann bis zu 30 cm lang werden.
- Tropische Kegelschnecken ernähren sich von Fischen. Sie lähmen ihre Beute, indem sie ihr aus einem Zähnchen auf ihrer Zunge ein Gift einspritzen.

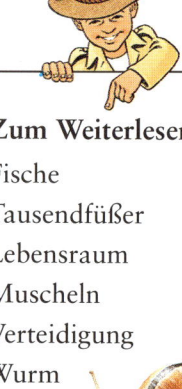

Zum Weiterlesen

Fische
Tausendfüßer
Lebensraum
Muscheln
Verteidigung
Wurm

Schwalbe

Schwalben und auch Segler sind sehr schnell und wendig. Segler haben längere Flügel und fliegen höher als Schwalben. Am Boden halten sie sich so gut wie nie auf. Schwalben fliegen niedriger und machen mitunter auf Telefonleitungen, Dachfirsten und Baumwipfeln Rast.

△ Segler verbringen ihr Leben im Flug. Wenn ein Segler am Boden landet, hat er Mühe wieder in die Luft zu kommen: Seine Flügel sind zu lang und seine Beine zu kurz zum Abheben.

△ Schwalbenpaare bauen aus Speichel und Lehm Mörtelnester unter Hausdächern. Ihre Jungen füttern sie mit Insekten.

Infokasten
- Obwohl Segler und Schwalben einander ähneln, sind sie nicht verwandt.
- Segler landen an senkrechten Wänden und lassen sich zum Starten einfach fallen.
- Eilsegler erreichen Geschwindigkeiten bis 250 Stundenkilometer.

▽ Schwalben und Segler, wie dieser Alpensegler, fangen im Flug Insekten. Härchen um ihren Schnabel leiten die Beute in die richtige Richtung.

▷ Wenn die Schwalben im Herbst ihre Jungen großgezogen haben, fliegen sie nach Süden, um der Kälte und dem Nahrungsmangel zu entgehen. Manche in Europa brütenden Vögel fliegen sogar bis Südafrika. Im Frühsommer kehren sie zurück.

Zum Weiterlesen
Fortpflanzung
Seeschwalbe
Tierwanderungen
Vögel

Schwan

Der Schwan ist mit bis zu 3 m Flügelspannweite der größte Wasservogel der Welt. Schwäne haben große Schwimmfüße und einen kräftigen Schnabel, mit dem sie Wasserpflanzen abreißen. Sie bewachen aufmerksam ihre Eier und greifen Menschen an, wenn sie sich bedroht fühlen.

Trompeterschwan

△ Die auf der Nordhalbkugel lebenden Schwäne haben ein weißes Gefieder. In Deutschland ist der Höckerschwan am weitesten verbreitet. Der Trompeterschwan ist mit 13 kg der schwerste Schwan. Er steht unter Naturschutz.

▽ Auf der Südhalbkugel leben der schwarze Trauerschwan (Australien) und der Schwarzhalsschwan (Südamerika).

Trauerschwan

Infokasten
- Schwäne werden bis zu 20 Jahre alt.
- Schwäne schlucken Steinchen als Verdauungshilfe. Manchmal erwischen sie Bleigewichte von Anglern und gehen daran zu Grunde.
- Schwäne bauen Schwimmnester aus Wasserpflanzen.

△ Schwäne paaren sich, wenn sie fünf Jahre alt sind. Danach bleiben sie ihr ganzes Leben lang zusammen. Schwanenküken kommen mit grauem Gefieder und kurzem Hals zur Welt. Später streckt sich der Hals und das Federkleid wird leuchtend weiß.

Zum Weiterlesen
Ente und Gans
Pelikan
Tierwanderungen
Vögel

Schwein

Schon vor 9000 Jahren wurden Schweine von den alten Chinesen als Nutztiere gehalten. Man schätzt sie vor allem wegen ihres Fleisches und aus ihrer Haut stellt man Leder her. Schweine sind intelligente Tiere.

△ Es gibt mehr als 90 verschiedene Zuchtrassen von Schweinen. Sie sind Allesfresser und wachsen schnell. Mit Spezialfutter werden sie in nur zwei Jahren bis zu 2 m lang.

△▷ Schweinebabys nennt man Ferkel. Ihre Mutter ist die Sau und ihr Vater der Eber. Die Sau bekommt pro Wurf bis zu zwölf Ferkel, die an zwei Reihen Zitzen entlang ihres Bauches trinken. Manchmal muss das schwächste Ferkelchen mit der Flasche aufgezogen werden.

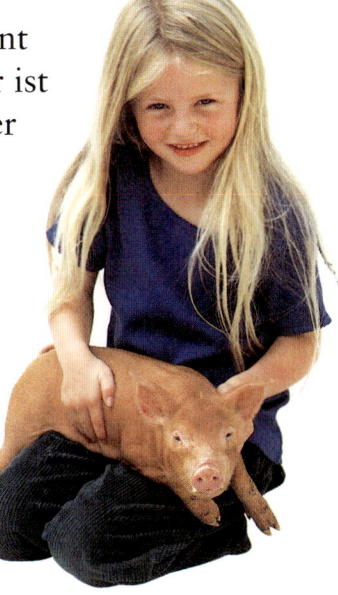

▽ Wildschweine sind Waldbewohner. Ihre Jungen, die Frischlinge, sind durch ihr gestreiftes Fell gut getarnt.

Zum Weiterlesen
Säugetiere
Schaf
Tarnung
Ziege

Schwertfisch

Der Schwertfisch hat seinen Namen von dem stark verlängerten Oberkiefer, der wie ein Schwert aussieht. Er ist mit dem Marlin und dem Fächerfisch verwandt. Schwertfische leben in den warmen Zonen des Atlantischen, Indischen und Pazifischen Ozeans. Sie fressen kleinere Fische.

▽ Fächerfische werden bis zu 90 kg schwer und 3 m lang. Wenn sie Fischschwärme jagen, springen sie manchmal aus dem Wasser, um mehr Tempo zu bekommen.

Infokasten
• Schwertfische und Marline verfolgen ihre Beute mit Geschwindigkeiten bis zu 100 km/h. Damit sind sie zwei der schnellsten Meeresfische.
• Der Blaue Marlin wird bis zu 700 kg schwer.

△ Der Schwertfisch hat einen stromlinienförmigen Körper – das macht ihn zu einem schnellen Schwimmer. Sein „Schwert" nutzt er zum Fischfang.

◁ Marline haben einen kürzeren Stachel als Schwertfische. Sie sind kräftig gebaut. Manchmal greifen sie ohne Grund Schwimmer oder Boote an.

Zum Weiterlesen
Fische
Hai
Tiefseefische
Wal

Seekuh

Seekühe leben in den küstennahen Bereichen tropischer Gewässer. Sie ernähren sich von Seegras und anderen Wasserpflanzen. Die Dugongs sind im Indischen Ozean und im Nordpazifik zu Hause, die Manatis leben im Karibischen Meer und im Atlantik vor Westafrika.

△ Dugongs nennt man wegen ihrer geteilten Schwanzflosse auch Gabelschwanzseekühe. Ausgewachsene Tiere sind bis zu 3,4 m lang. Männliche Dugongs haben zwei Stoßzähne, die aber wegen der fleischigen Lippen kaum zu erkennen sind.

Infokasten
- Seekuh-Weibchen bringen immer nur ein Junges zur Welt.
- Sie säugen ihr Junges an der Brust. Dabei halten sie es mit einer Flosse fest.
- Amazonas-Manatis bilden Gruppen von etwa 500 Tieren.

▽ Der Schwanz der Manatis, die man auch Rundschwanzseekühe nennt, ist wie ein Paddel geformt.

△ Seekühe leben entweder allein oder in kleinen Gruppen. Sie begrüßen einander, indem sie sich mit der Nase anstupsen, was ein wenig wie Küssen aussieht.

△ Manatis schwimmen langsam und können schlecht sehen. Im 18. Jahrhundert wurden sie von Seeleuten gejagt. Heute sind sie geschützt, doch wenn sie in flachen Küstengewässern schwimmen, geraten sie manchmal in Schiffsschrauben und werden verletzt.

Zum Weiterlesen
Delfin
Robbe und Seelöwe
Wal
Walross

Seepferdchen

Seepferdchen leben in warmen Meeren. Sie schwimmen aufrecht durchs Wasser. Mit ihrem Panzer aus Knochenplatten sehen sie zwar nicht wie Fische aus, sind aber mit dem Stichling verwandt.

▷ Bei der Paarung legt das weibliche Seepferdchen etwa 200 Eier in den Bauchbeutel des Männchens. Fünf Wochen später ist es so weit: Die Jungen schlüpfen. Sie sehen wie Mini-Ausgaben der Eltern aus.

△ Seepferdchen klammern sich mit dem Schwanz ans Seegras und saugen mit ihrer langen Schnauze vorbeischwimmende Kleinkrebse und Plankton ein.

◁ Der Fetzenfisch gehört, wie das Seepferdchen, zur Familie der Seenadeln. Er lebt vor der Küste Australiens, wird 1,5 m lang und ist zwischen den Algen gut getarnt.

Zum Weiterlesen
Fische
Fortpflanzung
Korallenriff
Tarnung

Seeschwalbe

Die Seeschwalbe legt von allen Tieren die weiteste Reise zurück. Sie zieht an den Küsten der Arktis ihre Jungen groß und macht sich im Herbst auf den Weg nach Süden, um einige Monate am anderen Ende der Welt, in der Antarktis, zu verbringen. Im Frühjahr fliegt sie zum Brüten wieder nach Norden.

◁ Seeschwalben bauen ihre Nester auf dem gefrorenen Boden der Tundra. Sie legen zwei bis drei Eier. Bei Gefahr für das Gelege oder die Küken stürzen sie sich mutig auf den Angreifer.

△ Die Seeschwalbe legt jährlich über 36 000 km zurück. Da sie sich an beiden Polen aufhält, wenn dort Sommer ist, verbringt sie fast ihr ganzes Leben im Tageslicht. Ihre Küken schlüpfen im arktischen Sommer und sind im Herbst groß genug, um den Non-Stop-Flug in die Antarktis zu schaffen.

▽ Die Rußseeschwalbe und die Australische Seeschwalbe findet man auf tropischen Inseln. Sie sind keine Zugvögel.

Rußseeschwalbe

Australische Seeschwalbe

Zum Weiterlesen
Albatros
Möwe
Meeresvögel
Tierwanderungen

Seestern

Seesterne findet man überall auf dem Meeresgrund, vor allem aber in warmen Regionen des Indischen und Pazifischen Ozeans. Sie haben weder Kopf noch Gehirn, sondern bestehen aus fünf oder mehr Armen an einer zentralen Körperscheibe mit einer Mundöffnung.

△ In den Weltmeeren gibt es über 1500 Seesternarten. Viele haben leuchtende Farben.

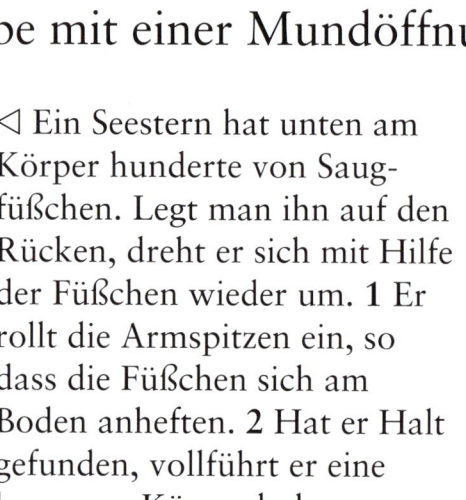

◁ Ein Seestern hat unten am Körper hunderte von Saugfüßchen. Legt man ihn auf den Rücken, dreht er sich mit Hilfe der Füßchen wieder um. **1** Er rollt die Armspitzen ein, so dass die Füßchen sich am Boden anheften. **2** Hat er Halt gefunden, vollführt er eine langsame Körperdrehung. **3, 4** Er plumpst auf die richtige Seite und kriecht davon.

▷ Manche Seesterne haben viele Arme, wie zum Beispiel dieser Sonnenstern. Verliert ein Seestern einen Arm, wächst ein neuer nach.

▽ Der Seestern verspeist Muscheln. Mit den Saugfüßchen zieht er die Schalenhälften auseinander, dann stülpt er seinen Magen aus der Mundöffnung über die Muschel.

Infokasten

• Der Dornenkronenseestern frisst Korallen und richtet in Riffen schwere Schäden an.
• Seesterne können mit lichtempfindlichen Stellen an den Armspitzen Hell und Dunkel erkennen.
• Manche Seesterne entlassen pro Jahr etwa 1 Million Eier ins Wasser.

Zum Weiterlesen
Garnele
Korallenriff
Muscheln
Tintenfisch und Krake

Skorpion

Skorpione gehören zur gleichen Tierklasse wie die Spinnen. Sie haben acht Beine, ein Paar kräftige Scheren und einen Schwanzstachel. Tagsüber verstecken sie sich und gehen nachts auf Beutefang.

Schwanzstachel

Scheren

Infokasten
- Mit Härchen an den Beinen nimmt der Skorpion Schwingungen wahr und entdeckt so seine Beute.
- Der Kaiserskorpion wird 20 cm lang.
- Es gibt über 600 Skorpionarten.

▷ Skorpione packen ihre Beute mit den Scheren und töten sie mit dem Giftstachel am Schwanz. Auch für den Menschen sind die Stiche mancher Skorpionarten tödlich. Der Stachel dient außerdem zur Verteidigung gegen Feinde wie Mungos.

▽ Skorpion-Weibchen behalten ihre Eier im Körper, bis die Jungen schlüpfen. Sobald die Kleinen geboren sind, nimmt die Mutter sie huckepack und trägt sie mit sich herum.

△ Männliche Skorpione kämpfen mitunter um ein Weibchen und packen einander an den Scheren. Bevor Männchen und Weibchen sich paaren, fassen sie sich ebenfalls an den Scheren und tanzen.

Zum Weiterlesen
Hummer
Spinne
Verteidigung

Sperling

Sperlinge (Spatzen) sind kleine Singvögel, die sich vorwiegend von Samen ernähren. Es gibt über 50 verschiedene Arten, die auf der ganzen Welt verteilt leben. Den Haussperling findet man in Nordamerika und Europa.

Weiblicher Haussperling

Männlicher Haussperling

△ Haussperlinge leben sehr oft in der Nähe von Wohngebieten. Sie streiten häufig miteinander und tschilpen dabei lautstark.

▷ Die Singammer in Nordamerika singt sehr melodisch. Die Jungvögel erlernen im Herbst ihren Gesang und lassen ihn dann im folgenden Frühling hören.

△ 1 Für die Spatzen kannst du eine besondere Leckerei zubereiten. Stelle einen Teller mit etwas Fett auf die Heizung. Verknete es mit Samen, Brotkrumen, Haferflocken und Obststückchen. Die Mischung füllst du in leere Jogurtbecher.

▽ 2 Ist der Fettkuchen fest, stürzt du ihn und legst ihn den Sperlingen hin.

Zum Weiterlesen
Lebensraum
Nahrung
Schwalbe
Taube
Vögel

Spinne

Spinnen ernähren sich hauptsächlich von Insekten. Die meisten haben einen runden behaarten Hinterleib und acht Beine. Am Hinterleibsende befinden sich die Spinnwarzen, mit denen sie ihre Fäden spinnen.

◁ Die Schwarze Witwe ist eine der wenigen Giftspinnen, die dem Menschen gefährlich wird. Ihr Biss verursacht starke Schmerzen und Kreislaufprobleme.

Infokasten
- Die Goliath-Vogelspinne ist die größte Spinne der Welt. Sie ist so groß, dass sie einen ganzen Suppenteller bedeckt.
- Tropische Radnetzspinnen bauen die größten Netze der Welt – sie haben fast 2 m Durchmesser.

△ Walzenspinnen leben in den Wüsten Afrikas und Asiens. Sie spinnen keine Netze, sondern packen ihre Beute (Skorpione, Vögel, Eidechsen) und zerquetschen sie mit ihren kräftigen Kiefern.

▷ Viele Spinnen fangen ihre Beute in Netzen aus klebrigen Spinnfäden. Spinnseide ist sehr fest und zugleich elastisch. Hier wird gerade eine gefangene und mit Gift betäubte Fliege in Spinnfäden verpackt.

◁ Spinnen leben in heißen Wüsten und in kalten Regionen, im Gebirge und an Seen. Spinnen, die am Wasser leben, fressen manchmal kleine Fische.

Zum Weiterlesen
Fliege
Insekten
Skorpion

Stachelschwein

Stachelschweine sind am Rücken über und über mit schwarz-weißen Stacheln bedeckt und sehen Igeln ähnlich. Sie sind aber weder mit Igeln noch mit Schweinen verwandt, sondern gehören zu den Nagetieren.

△ Wenn sich ein Stachelschwein bedroht fühlt, schüttelt es sich und rasselt mit den Stacheln. Wenn der Angreifer nicht verschwindet, dreht es sich um und bohrt ihm seine spitzen Stacheln ins Fleisch.

△ Bei jungen Stachelschweinen sind die Stacheln noch weich. Ausgewachsene Tiere werden etwa 90 cm lang.

▷ Der nordamerikanische Baumstachler hat kurze Stacheln. Er ist nachtaktiv und lebt vor allem in Wäldern, aber man trifft ihn auch im offenen Gelände an. Er klettert auf Bäume und ernährt sich von Blättern, Beeren und Rinde, die er mit seinen großen scharfen Zähnen abnagt.

Zum Weiterlesen
Biber
Igel
Ratte

Stinktier

Stinktiere werden auch Skunks genannt. Ihre Heimat sind die Waldgebiete und Steppen Nord- und Südamerikas. Sie haben einen langen, buschigen Schwanz und ihr Fell ist schwarz-weiß gezeichnet.

△ Stinktiere sind so groß wie Hauskatzen und wiegen bis zu 3 kg. Tagsüber bleiben sie in ihrem Bau und nachts suchen sie Nahrung: Pflanzen, Vogeleier, Insekten und kleine Säugetiere.

▷ Das Stinktier hat eine ganz spezielle Methode Feinde, z.B. den Luchs, abzuwehren. Es trommelt mit den Vorderbeinen auf den Boden. Anschließend dreht es sich um und macht einen Handstand.

△ Skunk-Weibchen bekommen im Frühling durchschnittlich drei Junge. Sie werden blind geboren und bleiben die ersten sechs Wochen ihres Lebens im schützenden Bau.

Infokasten
- Am weitesten verbreitet ist der Streifenskunk.
- Außer ihm gibt es noch Langschwanz- und Fleckenskunks.
- Stinktiere verspritzen ihr scharfes Sekret fast 4 m weit. Der üble Geruch hält tagelang an.

▷ Wenn der Angreifer die Warnung missachtet, verspritzt das Stinktier ein Sekret (eine Flüssigkeit) aus bestimmten Drüsen am Hinterleib. Es riecht so ekelhaft, dass der Angreifer flieht.

Zum Weiterlesen
Dachs
Otter
Wiesel

Strauß

Strauße, Emus und Kasuare sind die größten Vögel der Welt. Sie alle haben zwar kleine Flügel, sind aber flugunfähig. Dafür sind sie hervorragend zu Fuß und bringen es beim Laufen auf ganz beträchtliche Geschwindigkeiten.

▽ Emus sind die zweitgrößten Vögel. Sie leben im Grasland Australiens und werden bis zu 1,8 m groß.

△ Strauße legen bis zu acht riesige Eier in ein Nest am Boden. Tagsüber brütet das Weibchen und nachts das Männchen.

▽ Straußenhähne sind schwarz und haben weiße Schmuckfedern. Als größte Vögel überhaupt werden sie bis zu 2,5 m groß. Sie laufen 65 km/h schnell. Die Weibchen (Hennen) sind etwas kleiner und graubraun gefärbt.

Infokasten
- Strauße leben in Afrika.
- Straußeneier sind die größten der Welt.

◁ Kasuare leben in den Wäldern Neuguineas und Australiens. Sie werden 1,5 m groß und haben statt Federn einen hornigen „Helm" auf dem Kopf. Wenn ein Kasuar sich bedroht fühlt, tritt er mit den Füßen. Seine mittlere Fußzehe ist scharf wie ein Dolch.

Zum Weiterlesen
Kiwi
Vögel

Tarantel

Taranteln sind große haarige Spinnen, die in warmen Gegenden Nord- und Südamerikas leben. Im Gegensatz zu vielen anderen Spinnen weben sie keine Netze. Ihre Beute fangen Taranteln, indem sie ihr auflauern.

△ Taranteln haben Giftdrüsen. Mit dem Gift lähmen sie die Beute. Menschen beißen sie nur, wenn sie sich bedroht fühlen. Ihr Biss ist zwar sehr schmerzhaft, aber für den Menschen nicht tödlich.

Infokasten
- Taranteln können 30 Jahre alt werden.
- Mit ausgestreckten Beinen misst eine ausgewachsene Tarantel rund 12,5 cm – damit ist sie fast groß wie die Handfläche eines Mannes.

◁ Viele Taranteln bleiben tagsüber in ihren Erdröhren. Nachts kommen sie heraus und jagen Insekten, aber auch Frösche, Kröten und Mäuse. Kurzstrecken können sie in sehr schnellem Tempo zurücklegen.

▷ Wenn eine Tarantel sich nicht bedroht fühlt, kann man sie in der Hand halten – sofern man das mag!

◁ Taranteln werden manchmal als Haustiere gehalten. Besonders entspannt und ruhig verhalten sie sich nach einer ausgiebigen Mahlzeit.

Zum Weiterlesen
Insekten
Maus
Skorpion
Spinne

Tarnung

Viele Tiere sind gut getarnt, damit sie beim Jagen oder als Beute nicht auffallen. Durch ihre besondere Körperform, Farbe oder Zeichnung sind sie in ihrer natürlichen Umgebung kaum sichtbar.

△ Wenn sich ein Tiger durchs hohe Gras der Steppe an ein Beutetier heranschleicht, ist er dank der hellen und dunklen Sreifen seines Fells nur schwer zu erkennen.

◁ Die Scholle liegt ganz flach am Meeresboden. Ihre Oberseite nimmt die Färbung von Sand und Steinen an.

△ **1** Was ist eine gute Tarnung? Um dies herauszufinden, sammelst du am besten ein paar leere Dosen, Flaschen und Plastikbehälter. Diese bemalst du mit brauner und grüner Farbe und anschließend beklebst du sie mit Gras und Blättern.

▷ Das Wandelnde Blatt ist ein Insekt, das wie ein Blatt aussieht. Es bewegt sich langsam, so dass es nicht auffällt. Sogar seine Eier sind blattförmig.

▷ **2** Verstecke die Gegenstände im Garten zwischen den Pflanzen. Dann lässt du deine Eltern oder deine Freunde nach ihnen suchen. Wer die meisten Sachen findet, hat gewonnen!

Zum Weiterlesen
Chamäleon
Evolution
Tiger
Zebra

Taube

Tauben begegnet man überall auf der Welt – in Städten und Wäldern, in Ebenen und im Gebirge –, nur nicht in sehr kalten Gegenden. Ihre Farbe reicht vom schlichten Grau der Stadttauben bis hin zum leuchtend bunten Gefieder der tropischen Arten.

△ Die Tauben in unseren Städten stammen von der Felsentaube ab, die schon vor 5000 Jahren im Vorderen Orient gezüchtet wurde. Wilde Felsentauben gibt es nur noch in Südeuropa.

Infokasten

- Zur Paarungszeit geben Taubenmännchen ein dumpfes, hohles Gurren von sich, um Weibchen anzulocken.
- Die Krontauben auf Neuguinea sind so groß wie Truthähne.
- Weiße Tauben gelten als Sinnbild des Friedens.

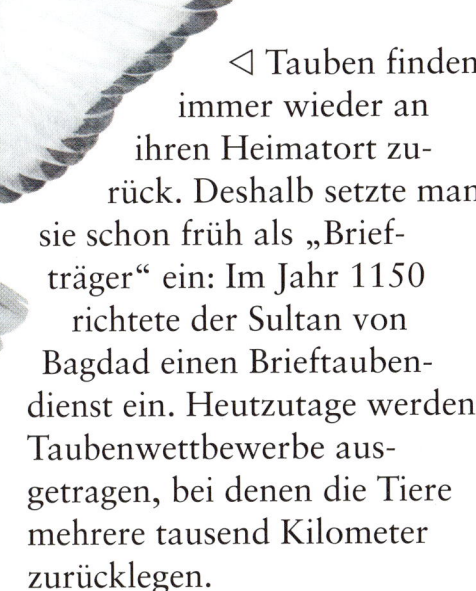

◁ Tauben finden immer wieder an ihren Heimatort zurück. Deshalb setzte man sie schon früh als „Briefträger" ein: Im Jahr 1150 richtete der Sultan von Bagdad einen Brieftaubendienst ein. Heutzutage werden Taubenwettbewerbe ausgetragen, bei denen die Tiere mehrere tausend Kilometer zurücklegen.

▽ Die meisten Tauben, so auch diese Waldtaube, bauen luftige, zweckmäßige Nester, in die das Weibchen ein oder zwei Eier legt. Stadttauben nisten an Gebäudevorsprüngen.

Zum Weiterlesen
Eule
Seeschwalbe
Sperling
Tierschutz
Vögel

Tausendfüßer

Viele Tiere sind so klein, dass man sie kaum sieht. Manche sind nur unter einer Lupe zu erkennen. Dennoch gibt es sehr viele von ihnen. Sie zählen zu den Wirbellosen, sie haben keine Wirbelsäule.

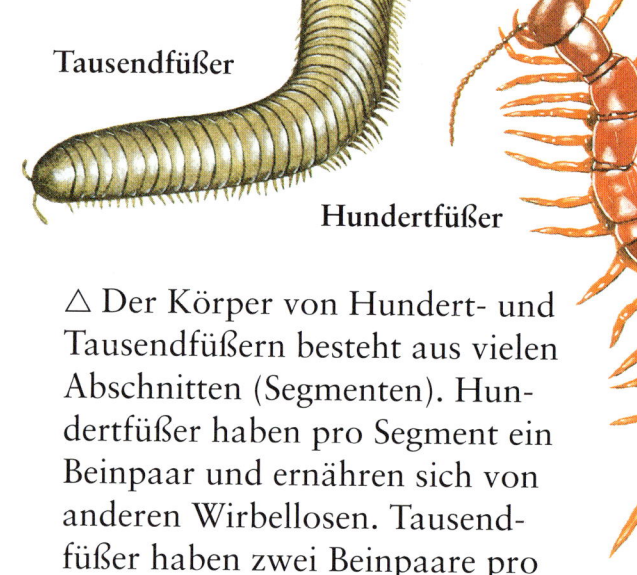

Tausendfüßer

Hundertfüßer

△ Der Körper von Hundert- und Tausendfüßern besteht aus vielen Abschnitten (Segmenten). Hundertfüßer haben pro Segment ein Beinpaar und ernähren sich von anderen Wirbellosen. Tausendfüßer haben zwei Beinpaare pro Segment und fressen Pflanzen.

 ◁ Auch Spinnentiere gehören zu den Wirbellosen. Eine Spinne hat acht Beine.

▷ Asseln gehören zu den Krebstieren, die normalerweise im Wasser leben.

◁ Wespen sind Insekten. Sie haben sechs Beine und ihr Körper ist in drei Abschnitte gegliedert.

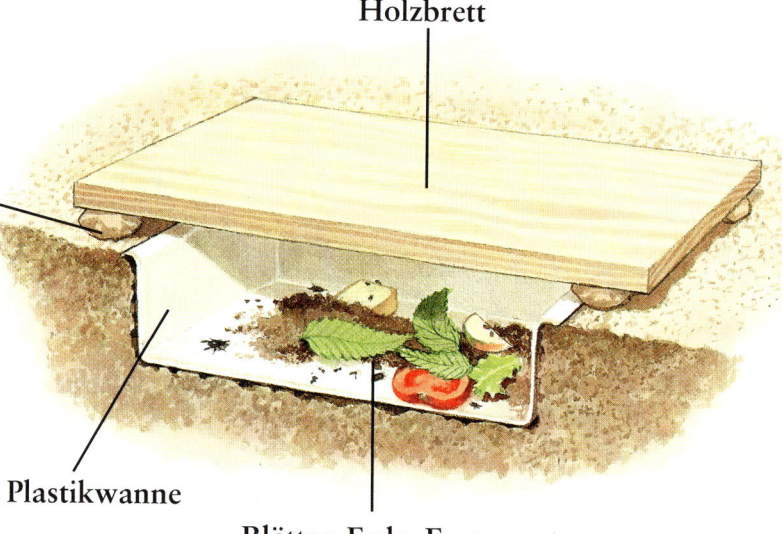

Holzbrett

Stein

Plastikwanne

Blätter, Erde, Essensreste

▷ Schnecken sind Weichtiere. Viele Arten tragen ihr „Haus" auf dem Rücken.

◁ Würmer haben einen langen weichen Körper, der in viele einzelne Segmente unterteilt ist.

△ Wenn du wissen willst, welche kleinen Tiere im Garten leben, gräbst du eine Plastikwanne mit etwas Erde, ein paar Blättern und Essensresten in den Boden. Um diese Falle herum legst du einige Steine und darauf ein Holzbrett. Am nächsten Morgen kannst du nachsehen, was passiert ist.

Zum Weiterlesen
Biene und Wespe
Insekten
Schnecke
Spinne
Wurm

Tiefseefische

In der kalten dunklen Tiefsee gibt es kaum Nahrung. Deshalb leben die meisten Tiefseefische räuberisch: Sie fressen andere Fische. Viele Arten haben eine besonders auffällige Körperform, andere ein ungewöhnlich großes Maul, das mit langen spitzen Zähnen besetzt ist.

Infokasten
- Der Dreibeinfisch stützt sich auf drei lange Flossenstrahlen.
- Einige Tiefseefische erzeugen Lichtblitze, wenn sie angegriffen werden.
- Viele Tiefseefische sind blind.

▽ Der Anglerfisch hat ein Leuchtorgan. Das Weibchen schwenkt seine „Laterne" an einer stielähnlichen Flosse vor dem Maul hin und her und lockt so Beute an. Das Männchen hat kein Leuchtorgan. Es beißt sich am Weibchen fest und trinkt dessen Blut.

▷ Der Pelikanaal kann die Kiefer weit aufklappen und sein Magen ist sehr dehnbar. So kann er Beute verschlucken, die größer ist als er selbst.

▽ Tief im Meer gibt es Schlote, aus denen heißes Wasser quillt. Um diese Schlote herum leben Röhrenwürmer. Sie ernähren sich von Schwefelbakterien.

◁ Drachenfische haben zwar Augen, aber sie ertasten ihre Nahrung mit einem langen Fühler.

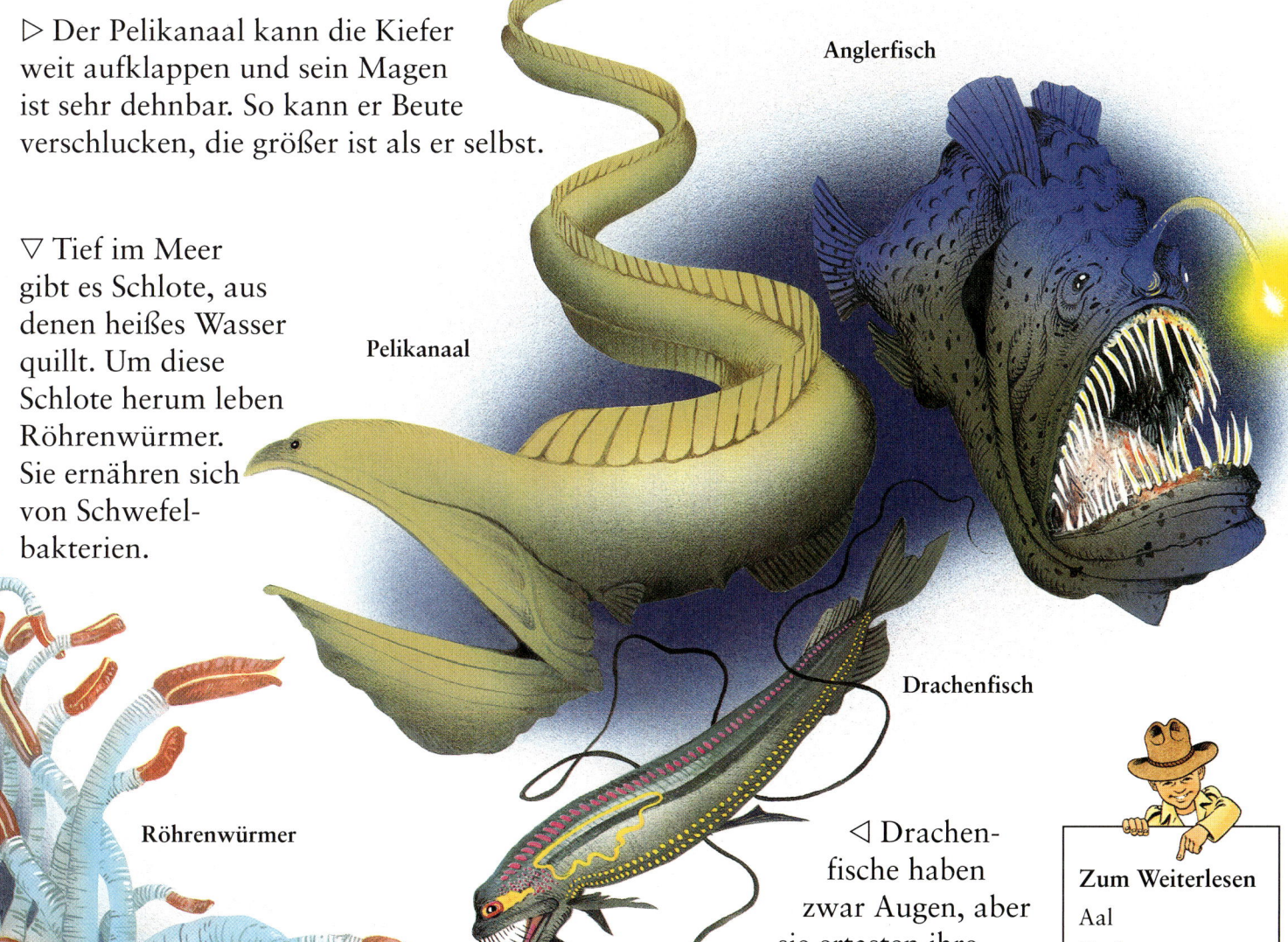

Anglerfisch

Pelikanaal

Drachenfisch

Röhrenwürmer

Zum Weiterlesen
Aal
Fische
Hai
Plattfisch

Tierkinder

Solange Tiere klein sind, brauchen sie viel Aufmerksamkeit, genau wie Menschenbabys. Die Eltern müssen sie beschützen und sich um Futter kümmern, bis die Jungen alt genug sind, um für sich selbst zu sorgen.

△ Wenn Gefahr droht, schwimmen die Maulbrüter-Jungfische blitzschnell ins Maul des Vaters. Später spuckt er sie wieder aus.

△ Der Säger nimmt seine Küken manchmal huckepack. So sind sie gut geschützt, bis sie selbst schwimmen gelernt haben.

△ Ein Zebrafohlen muss gleich nach der Geburt laufen lernen, damit es bei Gefahr der Mutter folgen kann. Die männlichen Zebras schützen die Herde: Sie beißen Angreifer und treten sie mit den Hufen.

△ Das Küken des Kaiserpinguins hockt auf den Füßen der Eltern.

◁ Für das Pinguin-Spiel braucht man eine große Anzahl Mitspieler. Zwei Gruppen stehen jeweils in einer Reihe. Man muss einen kleinen Sack Reis mit den Füßen an seinen Reihennachbarn weitergeben. Die Gruppe, die den Sack als Erste durchgegeben hat, ist Sieger.

Zum Weiterlesen

Gorilla
Krokodil und Alligator
Pinguin
Reptilien
Säugetiere

Tierschutz

Viele Tierarten sind vom Aussterben bedroht oder bereits ausgestorben. Zum Teil, weil ihr Lebensraum zerstört wurde oder weil sie bis zur Ausrottung gejagt wurden. Es ist wichtig, dass wir bedrohte Tierarten schützen und ihren natürlichen Lebensraum erhalten.

△ Abfälle verschmutzen die Umwelt und sind gefährlich für Tiere. Leere Dosen sind wie Fallen, verschluckte Plastikteile können tödlich wirken. Abfallsammeln ist ein Beitrag zum Umwelt- und Tierschutz.

△ Wiesenknarren nisten in Kornfeldern. Früher wurden bei der Ernte viele Tiere getötet; dank neuartiger Erntemethoden haben sie jetzt bessere Chancen.

◁ Die Dronte lebte einst auf der Insel Mauritius. Weil sie nicht fliegen konnte, war sie für Jäger eine leichte Beute. Im Jahr 1680 wurde sie ausgerottet.

▷ In den letzten 50 Jahren wurden Wale so stark gejagt, dass heute viele Arten bedroht sind. Inzwischen ist die Jagd auf Wale streng geregelt.

Zum Weiterlesen
Bison
Panda
Tiger
Wal

Tierwanderungen

Viele Tiere verlassen ihren Lebensraum, um anderswo bessere Bedingungen zu finden – sei es vorübergehend (um zum Beispiel in einer wärmeren Gegend zu überwintern) oder dauerhaft. Manche legen dabei nur kurze Strecken zurück, andere wandern um die halbe Erde.

▷ Im Herbst sieht man die Kanadagänse in einer V-Formation fliegen. Notiere dir, wann sie in welche Richtung fliegen, und achte im Frühling auf ihre Rückkehr.

▽ Über die Erde ziehen sich zahllose Wanderwege von Tieren. Die farbigen Pfeile zeigen dir, welche Tiere wohin ziehen.

■ Kanadagänse (oben) fliegen im Frühling nordwärts bis zum Polarkreis, um dort zu brüten. Im Herbst suchen sie wärmere Regionen im Süden auf.

■ Der bis zu 15 m lange Grauwal verbringt den Winter vor der Küste Kaliforniens, wo er auch seine Jungen zur Welt bringt. Im Sommer schwimmt er nordwärts bis nach Alaska.

■ Seeschwalben ziehen weiter als alle anderen Tiere: Jedes Jahr fliegen sie vom Nord- zum Südpol und wieder zurück.

■ Segler verbringen den Sommer in Europa, wo sie genügend Insekten für sich und ihre Brut finden. Sie überwintern in Afrika.

◁ Viele afrikanische Weidetiere, zum Beispiel die Gnus, folgen dem Regen, wenn sie neue saftige Weidegründe suchen.

Zum Weiterlesen
Rentier
Schwalbe
Seeschwalbe
Wal

Tiger

Tiger sind die größten Raubkatzen der Welt. Sie leben in den Steppen und Wäldern Asiens und sind durch ihr gestreiftes Fell bei der Jagd sehr gut getarnt.

△ Das Tiger-Weibchen wirft ein bis drei Junge. Die Jungtiere bleiben über ein Jahr lang in der Obhut der Mutter.

△ Ein Tiger schleicht sich vorsichtig durchs hohe Gras an seine Beute (einen Hirsch) heran. Sobald er nahe genug ist, macht er einen Satz und reißt das Tier zu Boden. Er tötet es mit einem Biss in den Hals.

◁ Tiger werden wegen ihres Fells gejagt. Ihre Knochen werden in China zu allerlei Arzneimitteln verarbeitet. Ihr Lebensraum, der Wald, wird vernichtet. All dies hat dazu geführt, dass Tiger heute nahezu ausgerottet sind.

Zum Weiterlesen
Gepard
Katze (Wildkatze)
Leopard
Löwe

Tintenfisch und Krake

Tintenfische und Kraken sind wirbellose Meerestiere. Man nennt sie auch Kopffüßer. Ihr Körper ist sackförmig. Kraken haben acht und Tintenfische zehn lange, mit Saugnäpfen besetzte Arme, mit denen sie Beute fangen.

◁ Tintenfische gibt es in allen Größen – von 1,5 cm bis 20 m. Manche haben einen Flossensaum um den Körper. Zwei der zehn Arme sind besonders lang.

△ Kraken werden über 5 m groß und erreichen mit ausgestreckten Armen eine Spannweite von 9 m. Sie leben in Höhlen am Meeresgrund und sind stets in Gefahr von Haien oder – wie hier gezeigt – von Muränen angegriffen zu werden. Wenn Tintenfische bedroht werden, stoßen sie einen schwarzen Farbstoff aus, der dem Angreifer die Sicht nimmt. Die Kopffüßer kommen schwimmend vorwärts, indem sie Wasser aufnehmen und durch eine „Düse" wieder ausstoßen.

◁ Kraken packen ihre Beute, zum Beispiel Krebse, Muscheln oder kleinere Fische, mit den Fangarmen und zerreißen sie mit ihrem kräftigen Schnabel, der dem eines Papageien ähnelt.

Zum Weiterlesen

Hummer
Krebs
Muscheln
Seestern

Tukan

Die auffällig gefärbten Tukane leben im tropischen Regenwald Mittel- und Südamerikas. Obwohl ihr Schnabel fast so groß ist wie der übrige Körper, sind Tukane sehr leicht. Mit ihren langen Schwanzfedern halten sie das Gleichgewicht.

▽ Tukane halten sich meist in Baumwipfeln auf. Dort pflücken sie Früchte. Sie halten die Frucht zwischen den Schnabelspitzen, legen den Kopf zurück und schlucken.

Infokasten

- Es gibt rund 40 Arten von Tukanen. Die größten haben eine Körperlänge von 60 cm.
- Größere Tukane ernähren sich von Eiern, kleinen Vögeln, Fröschen und Eidechsen.
- Tukane bringen die verschiedensten Laute hervor: Sie krächzen, bellen und schreien laut.

▷ Mit Hilfe von Borsten an seiner langen Zunge kann der Tukan seine Nahrung gut festhalten.

◁ Die Nashornvögel in Afrika, Asien und in der pazifischen Region haben ebenfalls große Schnäbel. Ihr Name kommt von dem hornartigen Aufsatz auf dem kräftigen Schnabel. Sie können sogar kleine Reptilien zerbeißen.

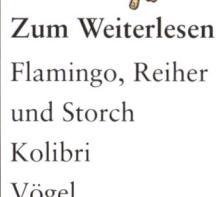

Zum Weiterlesen
Flamingo, Reiher und Storch
Kolibri
Vögel

Verständigung

Tiere können nicht sprechen. Sie verständigen sich trotzdem miteinander, zum Beispiel bei der Paarung, wenn Gefahr droht oder um einen Eindringling zu verscheuchen. Jede Tierart hat ihre eigene Art sich auszudrücken.

freundlich **verspielt**

verteidigungsbereit **angriffsbereit**

◁ Wölfe teilen sich über den Gesichtsausdruck mit. Die vier Beispiele links stehen für unterschiedliche Botschaften.

△ Glühwürmchen sind Käfer, die Blinksignale aussenden. Das Licht kommt aus bestimmten Zellen ihres Hinterleibs. Mit dem Blinken warnen sie Feinde oder suchen einen Partner.

▽ Einen Eulenruf kannst du nachahmen, wenn du die Hände zu einer Höhle formst und zwischen den Daumen hineinbläst. Am besten probierst du es am Abend: Vielleicht antwortet dir eine Eule.

△ Nachtfalter verständigen sich durch Gerüche. Das Weibchen gibt einen Duftstoff ab, den das Männchen mit seinen fiedrigen Antennen (Fühlern) „riecht".

Zum Weiterlesen
Eule
Käfer
Schmetterling
Wolf

Verteidigung

Ein schnelles Tier kann vor Angreifern davonlaufen. Langsame Tiere müssen sich auf andere Weise behelfen. Dicke Panzer und spitze Stacheln schrecken viele Raubtiere ab, ebenso das Gift, das manche Tiere verspritzen, wenn sie sich bedroht fühlen.

△ Der Igelfisch pumpt seinen Körper zu einem Stachelballon auf, der sehr bedrohlich wirkt.

◁ Der Krake versteckt sich in einer Höhle und passt seine Farbe der Umgebung an. Wird er entdeckt, breitet er die Fangarme aus: So wirkt er größer und gefährlicher.

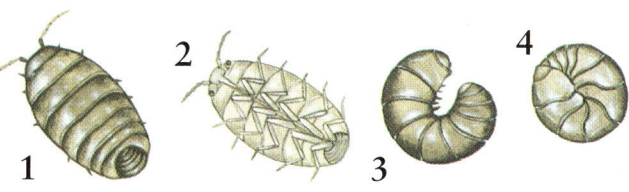

△ Die Assel rollt sich zu einer harten Kugel zusammen, wenn sie sich bedroht fühlt.

▷ Versteckspiel ähnelt der Beutejagd bei Tieren. Wer sich versteckt, macht sich möglichst „unsichtbar", damit derjenige, der suchen muss, ihn nicht findet.

△ Der Panzer schützt die Schildkröte wie eine Ritterrüstung. Sie zieht Kopf und Beine darunter, bis der Angreifer wieder weg ist.

Infokasten
- Tiere mit Stacheln oder Giftdrüsen sind oft auffällig gefärbt, z.B. rot- oder gelb-schwarz. Die Farben sollen Angreifer warnen.
- Viele Tiere sind durch ihre Fellfarben gut getarnt.

Zum Weiterlesen
Gürteltier
Schildkröte
Tarnung
Tierkinder

Vögel

Vögel sind mit fast 10 000 Arten in allen Teilen der Welt vertreten. Sie haben Federn und Flügel, aber nicht alle können fliegen. Vögel legen Eier und die meisten bauen Nester, in denen sie ihre Jungen aufziehen.

◁ Die meisten Vögel, so auch die Elster, haben ein leichtes Skelett, kräftige Brustmuskeln und einen harten Schnabel. Die Augen sitzen seitlich am Kopf. Mit ihrem Gesang verständigen sie sich untereinander.

▷ Vögel sind ihrem jeweiligen Lebensraum hervorragend angepasst: Greifvögel, wie dieser Sperber, haben kräftige Klauen, scharfe Augen und einen gebogenen Schnabel, um kleinere Tiere, die sich im Gras versteckt halten, zu erbeuten.

▽ Viele Vögel haben ein unauffälliges Gefieder, so dass sie gut getarnt sind. Manche jedoch, zum Beispiel Paradiesvögel, haben ein auffälliges Federkleid, das bei der Balz Weibchen anlockt.

△ Das Blatthühnchen hat große Füße mit langen Krallen, mit denen es über Seerosenblätter gehen kann. Anders als bei den meisten Vögeln übernimmt beim Blatthühnchen das Männchen die Brutpflege.

Blauer Paradiesvogel

Raggiana-Paradiesvogel

Helmturako

Kleiner Alexandersittich

Zum Weiterlesen
Adler
Evolution
Papagei
Pinguin
Strauß

Wal

Wale sind die größten Tiere, die es je gab – sie sind sogar größer als die Dinosaurier der Urzeit. Man findet sie in allen Weltmeeren. Wie Delfine zählen auch Wale zu den Säugetieren. Sie atmen durch ein Spritzloch oben am Kopf.

△ Der Blauwal ist mit bis zu 30 m Länge das größte existierende Tier. Er kann 100 Tonnen schwer werden – damit wiegt er so viel wie 15 Elefanten.

△ Buckelwale leben in Familienverbänden und sind für ihren Gesang bekannt. Die Laute, die sie hervorbringen, sind hunderte von Kilometern zu hören und können viele Stunden dauern. In der Paarungszeit sieht man Buckelwale manchmal senkrecht aus dem Wasser springen.

◁ Pottwale fressen Riesenkraken, die sie bis zu 450 m tief im Meer aufspüren. Oft haben die Wale Narben auf der Haut, die vom Kampf mit den Riesen herrühren.

Infokasten
- Blauwale sind schon bei der Geburt 7 m lang.
- Pottwale können etwa 70 Minuten lang die Luft anhalten.
- Viele Wale ernähren sich ausschließlich von winzig kleinen Krebstieren, dem so genannten Krill.

Zum Weiterlesen
Delfin
Mörderwal
Tintenfisch und Krake

Walross

Walrosse sind Meeressäugetiere. Sie leben am Rand des Eises im Nordpolarmeer und im Nordpazifik. Sowohl Männchen als auch Weibchen haben lange Eckzähne. Unter der faltigen Haut ist eine dicke Speckschicht, die gegen die eisige Kälte schützt.

△ Walrosse legen sich gern in die Sonne, bevor sie wieder ins eiskalte Meer tauchen. Früher wurden Walrosse stark gejagt; man aß ihr Fleisch, stellte aus ihrem Fett Öl her und aus ihren Zähnen Elfenbeingegenstände. Heute sind sie geschützt und ihr Bestand nimmt wieder zu.

△ Wie auch Seelöwen schieben sich Walrosse an Land in einer Art Watschelgang auf ihren Flossen vorwärts.

▷ Walrosszähne werden bis zu 40 cm lang. Das Walross kann sich damit auf eine Eisscholle ziehen oder nach Schalentieren graben, die es mit Hilfe seines borstigen Schnauzbarts ausmacht. Männchen benutzen ihre Zähne auch zur Verteidigung und im Kampf mit Rivalen.

Zum Weiterlesen
Delfin
Robbe und Seelöwe
Seekuh
Wal

Waschbär

Am gestreiften Schwanz und der schwarzen Gesichtsmaske sind die Nordamerikanischen Waschbären gut zu erkennen. Sie leben im Wald, doch manchmal kann man sie auch in Städten bei der Nahrungssuche beobachten.

△ Im Abfall finden Waschbären manchen Leckerbissen. Sie gewöhnen sich gut an den Menschen und sind dann recht zutraulich. Dennoch behalten sie ihre wilden Instinkte und setzen sich notfalls heftig zur Wehr, wenn sie sich bedroht fühlen.

Infokasten
- Waschbären leben seit über 50 Jahren auch in Deutschland.
- Es gibt sieben verschiedene Arten von Waschbären.
- Wild lebende Waschbären werden etwa fünf Jahre alt.

△ Die Waschbär-Mutter säugt ihre Jungen zwei Monate lang, sorgt aber bis zu einem ganzen Jahr für sie.

▷ Waschbären können gut klettern und schwimmen. Sie sind Allesfresser: Auf ihrem Speisezettel stehen Beeren, Eicheln und Samen und an Flüssen jagen sie Krebse, Frösche und Fische. Sie ertasten ihre Nahrung mit den Pfoten.

Zum Weiterlesen
Bär
Biber
Fuchs
Panda

Wiesel

Wiesel, Hermelin, Iltis, Frettchen und Nerz gehören zu einer Familie. Sie haben einen langen, schlanken Körperbau und kurze Beine. Man findet sie in allen Erdteilen außer in Australien.

Hermelin in der Übergangszeit

Hermelin im Winter

Hermelin im Sommer

▷ Iltisse findet man in Europa, Asien und Nordamerika. Sie leben im Wald und auf Feldern. Ihre Verwandten, die Frettchen, werden auch als Haustiere gehalten.

Frettchen

Steppeniltis

Iltis

△ Hermeline und Wiesel jagen Mäuse und Ratten. Wiesel machen sich so schmal, dass sie in die Erdlöcher ihrer Beutetiere schlüpfen können. Auch Fische und Vogeleier fressen sie gern. Ihr Fell ist in nördlichen Regionen im Winter weiß und im Sommer braun.

▽ Nerze sind stämmiger und nicht so lang gestreckt wie Iltisse. Ihr Pelz ist sehr begehrt, deshalb werden sie gejagt, aber auch gezüchtet.

Amerikanische Nerze

Infokasten
- Wiesel erbeuten Tiere, die weit größer sind als sie selbst.
- Der Vielfraß ist der größte Vertreter der Familie. Er wird bis zu 1,15 m lang.
- Die Wiesel und ihre Verwandten scheiden eine Flüssigkeit aus, mit der sie ihr Revier markieren.

Zum Weiterlesen
Dachs
Otter
Stinktier
Waschbär

Wolf

Wölfe sind die wilden Ahnen unserer Hunde. Sie jagen in Gruppen, die man Rudel nennt. Wegen ihrer scharfen Zähne und ihres schauerlichen Geheuls fürchten sich viele Menschen vor Wölfen. Doch es kommt nur sehr selten vor, dass ein Wolf einen Menschen angreift.

△ Wölfe werden seit langem gejagt. Heute findet man sie nur noch in entlegenen Gegenden Asiens, Europas und Nordamerikas.

◁ Wölfe leben in Familienverbänden mit fester Rangordnung. Den höchsten Rang hat ein männliches Tier: der Leitwolf. Wolfsjunge üben sich im Kampf und werden monatelang auf die Jagd vorbereitet.

▽ Ein Wolfsrudel jagt Beutetiere so lange, bis diese erschöpft und leicht zu erlegen sind. Auf ihrem Speiseplan stehen kleine Nager, aber auch große Tiere wie Moschusrinder und Rentiere.

Zum Weiterlesen
Fuchs
Hund (Wildhund)
Rentier
Säugetiere

Wurm

Würmer haben einen weichen Körper ohne Wirbelsäule und Beine. Manche leben im Boden, andere im Meer. Auch am oder im Körper anderer Tiere leben manchmal Würmer.

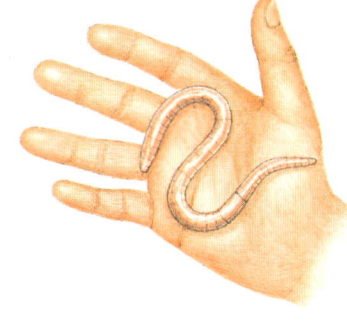

◁ Auf der Handfläche kannst du sehen, wie der Regenwurm sich bewegt: Seine Körpersegmente (Abschnitte) dehnen sich und ziehen sich wieder zusammen.

▽ Regenwürmer legen Gangsysteme an. Dabei fressen sie Erde und scheiden Unverdauliches am Hinterende aus: So entstehen die Kottürmchen am Röhreneingang.

△ Um die Lebensweise von Würmern zu beobachten, gibst du schichtweise Erde und Sand in ein Glas. Obenauf legst du einige Regenwürmer und daneben Blätter als Nahrung. Über die Öffnung spannst du ein Netz. Dann umwickelst du das Gefäß mit schwarzem Tuch. Wenn du es ein paar Tage später entfernst, siehst du, was aus den Blättern und den Bodenschichten geworden ist. Die Würmer solltest du dann wieder freilassen.

Zum Weiterlesen
Fortpflanzung
Tausendfüßer
Kleinstlebewesen
Korallenriff
Schnecke

Yak

Yaks sind massige Rinder, die auf den Hochebenen und in den Bergen Tibets leben. Ihr dichtes zottiges Fell wärmt sie im bitterkalten Gebirgswinter. Manche Yaks leben wild, die meisten jedoch sind Nutztiere.

△ Das Fell der Hausyaks (oben) ist schwarz, gelblich braun, weiß oder auch gescheckt. Wildyaks haben lange schwarzbraune Fellhaare und sind größer als Hausyaks.

▽ Das Yak wurde vor über 2000 Jahren gezähmt und dient den Tibetern als Tragtier. Außerdem liefert es Milch, Fleisch, Wolle und Leder. Yaks bewegen sich sicher über felsigen Boden und sind genügsame Pflanzenfresser.

◁ Wildyaks haben eine Schulterhöhe von rund 2 m. Die Kühe und Kälber bilden größere Herden, die Bullen schließen sich zu kleinen Gruppen zusammen.

Zum Weiterlesen
Bison
Büffel

Zebra

Zebras sind eng mit den Pferden verwandt. Sie leben in den Steppen Afrikas südlich der Sahara. Mit ihrem gestreiften Fell sind sie für andere Tiere nicht leicht zu erkennen und daher gut getarnt. Wenn ein Feind sie dennoch erspäht, retten sie sich durch schnelle Flucht.

△ Zebras leben in Familiengruppen aus einem Hengst, mehreren Stuten sowie deren Fohlen. Wenn ein Löwe sich nähert, bringen die Stuten ihre Fohlen in Sicherheit und der Hengst schlägt mit den Hinterbeinen nach dem Raubtier aus.

Infokasten
- Die sehr seltenen Bergzebras sind kleinwüchsig: Sie erreichen nur etwa 1,2–1,3 m Schulterhöhe.
- Junge Zebrastuten verlassen mit zwei Jahren die Familiengruppe, junge Zebrahengste dagegen erst mit vier Jahren.

△ Manchmal schließen sich Zebrafamilien zu einer großen Herde zusammen und wandern, wenn die Nahrung knapp wird, weite Strecken, um neue Weidegründe zu suchen. Manchmal müssen die Tiere breite Flüsse durchqueren.

△ Mit den Streifen von Zebras ist es wie mit unserem Fingerabdruck: Es gibt keine zwei gleichen Muster. Grévyzebras (oben) sind besonders fein gestreift.

Zum Weiterlesen:
Antilope
Esel
Giraffe
Pferd

Ziege

Wildziegen sind auf der gesamten Nordhalbkugel verbreitet. Man findet sie sogar im Hochgebirge, denn sie können hervorragend klettern. Als Haustiere geben sie Milch, liefern Fleisch und aus ihrer Haut macht man Leder.

Verwilderte Ziege

Kretische Wildziege

Italienische Bergziege

△ Angora- und Kaschmirziegen sind wegen ihres Fells beliebt. Aus den langen seidigen Haaren der Angoraziege gewinnt man Mohär- oder Angorawolle für Kleidung.

△ Ziegen hält man schon seit 10 000 Jahren als Nutztiere. Es gibt viele unterschiedliche Rassen. Sie sind genügsam: Am liebsten fressen sie saftiges Gras, aber sie nehmen auch mit dornigen Sträuchern vorlieb. Ziegenböcke haben lange gebogene Hörner, die sie im Kampf um die Weibchen einsetzen.

▽ Der Steinbock ist in Europa, Afrika und Asien verbreitet. Im Sommer lebt er hoch im Gebirge, im Winter sucht er tiefer liegende Regionen auf, wo es etwas wärmer ist.

Infokasten
- Ein Ziegenhuf ist außen hart, aber innen weich. Er wirkt wie ein Saugfuß, wenn die Ziege über glatte Felsen klettert.
- Ziegen sondern einen strengen Geruch ab.
- Die Schneeziege hat ein weißes zottliges Fell.

Zum Weiterlesen
Antilope
Rind
Schaf
Yak

Worterklärungen

Hier werden Begriffe erklärt, die du vielleicht nicht kennst.

Antarktis nennt man das kalte Gebiet rund um den Südpol. Die Arktis ist das Gebiet um den Nordpol.

Art ist der Begriff, unter dem man Tiere zusammenfasst, die in Aussehen, Wesen und Verhalten übereinstimmen. Tiere können sich nur innerhalb ein und derselben Art fortpflanzen. Es gibt etwa 1 Million verschiedene Tierarten.

Ausgestorben ist eine Tierart, wenn es kein einziges lebendes Tier dieser Art mehr gibt.

Balz nennt man die Paarungszeit und das Paarungsspiel bei Vögeln.

Bedroht ist eine Tierart, wenn die Gefahr besteht, dass sie ausstirbt.

Brunft heißt die Paarungszeit bei Wild, zum Beispiel beim Rothirsch.

Chitin ist ein sehr widerstandsfähiger Stoff, aus dem das Außenskelett von Insekten besteht.

Kadaver nennt man die Überreste eines Tiers, das von einem Raubtier getötet, aber (noch) nicht gefressen wurde.

Kaltblüter sind Tiere, deren Körpertemperatur von der Temperatur der Umgebung abhängig ist.

Kiemen sind die Atmungsorgane wasserlebender Tiere.

Lebend gebärend sind Tiere, die keine Eier legen und diese dann ausbrüten, sondern bei denen die Jungen im Körper heranwachsen und nach einer bestimmten Tragzeit lebend zur Welt kommen.

Nachtaktiv ist ein Tier, das tagsüber schläft und nachts auf Nahrungssuche geht. Das umgekehrte Verhalten nennt man tagaktiv.

Nesträuber rauben die Nester anderer Tiere aus, um zum Beispiel an Vogeleier, Larven oder Ameisen zu gelangen.

Plankton nennt man sehr kleine Lebewesen, die im Wasser treiben. Bei Phytoplankton handelt es sich um winzige Pflanzen, bei Zooplankton um Tierchen.

Savannen sind tropische Graslandschaften, in denen es nur vereinzelt Bäume gibt.

Steppen sind Graslandschaften außerhalb der Tropen.

Stromlinienförmig ist der Körper eines Tiers dann, wenn er länglich ist und spitz zuläuft, so dass er der Luft oder dem Wasser nur wenig Widerstand bietet.

Tragzeit ist ein Ausdruck für die Schwangerschaft eines Säugetiers. Das Muttertier nennt man trächtig, wenn es Junge erwartet.

Tropen heißen die Gebiete um den Äquator. In tropischen (Regen-)Wäldern ist es immer heiß und feucht.

Tundra nennt man die baumlosen Ebenen im hohen Norden. Hier ist der Boden so kalt, dass nur wenige Pflanzen gedeihen.

Warmblüter sind Tiere, die eine stets gleich bleibende Körpertemperatur haben, egal, wie kalt oder warm ihre Umgebung ist.

Wiederkäuer nennt man Tiere, die ihre Nahrung – nachdem sie bereits im Magen war – ein zweites Mal kauen. Sie haben spezielle Widerkäuermägen.

Winterschlaf nennt man den schlafähnlichen Ruhezustand mancher Säugetiere (Warmblüter), zum Beispiel Igel und Murmeltiere, während des Winters. Einige Säuger wie Eichhörnchen und Dachse halten Winterruhe. Sie schlafen in Etappen und sind zwischendurch wach und suchen nach Nahrung. Winterstarre nennt man den bewegungslosen Zustand, in dem Kaltblüter, zum Beispiel Eidechsen und Schlangen, den Winter verbringen.

Wirbellose nennt man Tiere, die keine Wirbelsäule oder kein Skelett aus Knochen haben.

Wirbeltiere nennt man Tiere mit einer Wirbelsäule oder einem Skelett aus Knochen.

Wurf ist eine Bezeichnung für die Gesamtzahl der auf einmal geborenen Jungen von Säugetieren.

Zellen sind die kleinsten Bausteine des Lebens. Alle Lebewesen sind aus Zellen aufgebaut.

Register – Was steht wo?

Die fett gedruckten Wörter und Zahlen verweisen auf Kapitel

A

Aal 6, 72, 137, 142
Aas 44, 58, 156
Adler 7, 30
Affe 7, 8, 48, 79, 80, 92, 97
Albatros 9, 85
Allesfresser 21, 112
Alligator 74
Alpaka 76
Ameise 10, 11, 29, 49, 58, 60, 115
Ameisenbär 11
Ameisenigel 117
Ammonit 33
Amöbe 40, 68
Amphibien 12, 41, 86
Anakonda 13
Anglerfisch 137
Antilope 14, 57, 82
Ara 95
Assel 136, 145
Atmung 22, 25, 35, 39, 76, 93, 109, 118, 147
Auflauern 133
Augen 7, 8, 20, 32, 44, 62, 64, 66, 79, 83, 91, 102, 103, 110, 123, 137
Aye-Aye 79

B

Bär 15, 25, 94
Bau (Erdhöhle) 21, 24, 29, 30, 32, 42, 49, 51, 52, 66, 69, 83, 93, 96, 117, 131, 133, 150
Bedrohte Tiere 37, 45, 48, 65, 66, 79, 92, 94, 139, 141, 156
Berglöwe 103
Beutejagd (Land und Luft) 10, 25, 30, 32, 36, 37, 45, 57, 58, 65, 67, 82, 103, 107, 127, 129, 133, 141, 148, 150, 151
Beutejagd (Wasser) 6, 22, 43, 85, 87, 50, 93, 98, 101, 102, 104, 110, 117, 122, 137, 142, 147
Beuteltier 63, 69
Biber 16
Biene 17
Bilch 84
Birkenspanner 33
Bison 18
Blindwühle 12
Büffel 18, 19, 82
Bulle 108
Buschbaby 112
Butt 102

C

Chamäleon 20

D

Dachs 21
Delfin 22, 87
Dornteufel 23
Dreibeinfisch 137
Dromedar 62
Dronte 135, 139
Dschelada 97
Dugong 123

E

Echopeilung 22, 37, 87
Echse 20, 23, 78, 107, 129, 143
Eichhörnchen 24, 65
Eier 6, 9, 10, 12, 17, 20, 40, 41, 61, 66, 71, 73, 74, 75, 81, 85, 88, 96, 101, 107, 114, 116, 117, 120, 124, 125, 126, 127, 132, 134, 146, 150, 156
Eisbär 15, 25
Elch 26
Elefant 27
Elster 146
Emu 132
Ente 25, 28, 138
Erdferkel 29
Erdmännchen 30
Erdwolf 58
Esel 31
Eule 32, 90, 144
Evolution 33, 71

F

Fasan 99
Faultier 34
Federn (Gefieder) 28, 32, 54, 66, 85, 88, 95, 96, 99, 101, 120, 146
Fennek 42
Fische 6, 15, 25, **35,** 47, 50, 55, 72, 75, 85, 87, 93, 96, 98, 101, 102, 109, 110, 118, 122, 124, 134, 137, 138, 142, 145
Flamingo 36
Fledermaus 37
Fleischfresser 90, 112
Fliege 38, 60, 129
Floh 59
Flossen 6, 35, 110, 137
Flügel·7, 9, 37, 38, 44, 53, 60, 66, 71, 81, 101, 119, 120, 132, 146
Flughund 37
Flugverhalten 9, 32, 37, 38, 71, 81, 98, 100, 119, 132, 146
Flusskrebs 55, 117
Flusspferd 39
Forelle 75
Fortpflanzung 17, 40, 116
Fossil 33
Frettchen 150
Frosch 12, 41, 59, 99, 117, 133, 143, 149
Fuchs 33, **42**
Fühler 55, 60, 118, 137, 144

G

Gans 25, 28, 140
Garnele 36, 43, 117, 124, 142
Gehäuse 118, 136,
Gehör 29, 32, 33, 37, 42, 52, 53, 57, 79, 103
Geier 44, 90
Gepard 45
Geräusche *siehe* Tierlaute
Geruch (Duft) 50, 57, 67, 78, 91, 107, 131, 144 150, 155
Geruchssinn 15, 30, 50, 57, 66, 67, 78, 83, 91, 144
Geschmackssinn 11, 20, 29, 38, 46, 67, 78, 107, 118, 143
Geschwindigkeit 22, 45, 52, 66, 70, 78, 81, 87, 91, 96, 100, 111, 119, 122, 132, 133, 145, 154
Geweih *siehe* Horntiere
Gewölle 32
Gift 23, 41, 67, 70, 104, 118, 129, 133, 145
Giraffe 46
Glühwürmchen 61, 144

Gnu 14, 57, 140
Goldfisch 47
Gorilla 48
Grille 53
Gürteltier 49

H

Haftballen 38
Hai 50, 142
Hamster 51
Harpyie 7
Hase 32, **52,** 65, 96
Haustiere 19, 27, 31, 45, 51, 52, 54, 56, 62, 64, 76, 84, 99, 100, 106, 108, 113, 121, 135, 150, 153, 155
Haut 12, 13, 23, 41, 50, 68, 86, 91, 107, 108, 113, 121, 148, 155
Heilbutt 102
Hermelin 150
Herrentiere 8, 79, 112
Heuschrecke 53
Hirsch 111
Horntiere 14, 18, 19, 26, 91, 106, 111, 155
Huftiere 3, 14, 18, 19, 26, 31, 46, 62, 91, 100, 106, 108, 111, 113, 121, 154, 155
Huhn 54
Hummer 43, **55**
Hund (Haushund) 56
Hund (Wildhund) 42, **57,** 151
Hyäne 44, **58**

I

Igel 59, 130
Igelfisch 145
Iltis 150
Insekten 8, 10, 11, 17, 20, 30, 38, 42, 49, 53, 55, 58, 59, **66,** 79, 80, 81, 84, 91, 99, 116, 119, 129, 131, 133, 134, 136, 140

K

Käfer 60, **61,** 68, 144
Kakadu 95
Kakerlak 60
Kamel 62, 76, 77
Kammmolch 86
Känguru 63
Kaninchen 52
Karausche 47
Karibu 106, 151

Karpfen 47
Kasuar 132
Katta 79
Katze (Hauskatze) 64, 112
Katze (Wildkatze) 45, 64, **65,** 80, 82, 103, 141
Katzenbär 94
Kiefer 61, 67, 74, 78, 112, 122, 129
Kiemen 12, 35, 41, 86, 156
Kiwi 66
Klapperschlange 67
Klauen 7, 11, 15, 29, 30, 34, 45, 49, 64, 66, 83, 93, 132
Kleinstlebewesen 40, **68**
Kloakentiere 117
Koala 69
Kobra 70
Kojote 57, 90
Kolibri 71
Korallenriff 72, 126
Körpertemperatur 23, 42, 67, 107, 112, 156
Krake 9, **142,** 147
Krallen 7, 11, 15, 29, 30, 34, 45, 49, 64, 66, 83, 93, 132
Krebs 73, 142, 159
Krill 101, 147
Krokodil 74, 107
Kröte 12, **41,** 133
Kuh 108

L

Lachs 15, **75**
Laich 6, 41, 75
Lama 76
Langusten 55
Laute *siehe* Tierlaute
Lebensraum 60, **77,** 92, 139
Lebenszyklus 17, 41, 75, 86, 114, 116
Leguan 78
Lemur 79
Leopard 80
Leuchtorgan 61, 137, 144
Libelle 81
Löwe 19, 44, 65, **82,** 154

M

Maki 79
Manati 123
Mandrill 97
Manta 110
Marlin 122
Maul 39, 58, 137

Maulwurf 83
Maus 32, 65, **84,** 90, 133
Meeresvögel 9, **85,** 88, 96, 101, 125
Meerschweinchen 51
Mendesantilope 14
Mensch 79, 82, 112, 115, 120, 127, 129, 133, 139, 151
Milbe 68
Molch 12, **86**
Mörderwal 87, 90
Moschusochse 18, 151
Moschusrind 18
Möwe 85, **88**
Mungo 30, 70, 127
Muräne 72
Muscheln 89, 93, 102, 110, 126, 142, 148

N

Nachtaktive Tiere 11, 21, 27, 32, 34, 37, 39, 42, 49, 51, 55, 57, 59, 60, 64, 65, 66, 67, 69, 79, 82, 83, 94, 103, 105, 127, 131, 133, 156
Nachtfalter 33, 60, **116,** 144
Nagetiere 16, 24, 51, 67, 84, 105, 130, 150, 151
Nahrung 90
Nahrungskette 90
Nashorn 58, **91**
Nashornvogel 143
Nerz 150
Nestbau 7, 10, 11, 28, 29, 32, 36, 40, 48, 60, 69, 83, 84, 85, 96, 105, 115, 117, 119, 120, 125, 135, 146
Nymphe 81

O

Opossum 69
Orang-Utan 92
Otter 93, 117

P

Panda 94
Panther 80
Panzer 49, 55, 73, 114, 145
Papagei 95
Papageientaucher 96
Pavian 97
Pelikan 98
Pfau 99
Pferd 100, 154
Pflanzenfresser 90, 112

Pinguin 101, 109, 138
Pistolenkrebs 43
Plankton 50, 90, 110, 124, 156
Plattfisch 102, 134
Pony 100
Portugiesische Galeere 104
Präriehund 24
Präriewolf 57
Puma 26, 90, **103**

Q

Qualle 104

R

Ratte 32, **105**, 150
Regenwurm 21, 40, 152
Reiher 36
Rennmaus 51
Rentier 106, 151
Reptilien 23, 74, **107**, 114, 117, 143
Rhinozeros *siehe* Nashorn
Rind 108
Robbe 25, 50, 87, 90, **109**
Rochen 110
Röhrenwürmer 137
Rothirsch 26, 78, 90, 103, 106, **111**, 141, 151
Rüssel 27, 109

S

Salamander 86
Säugetier 112, 117
Schaf 113
Schakal 57
Schalen 89, 93, 107
Scheren 43, 55, 127
Schildkröte 74, 107, **114**, 145
Schimpanse 115
Schlange 13, 30, 67, 70, 107
Schlankjungfer 81
Schmetterling 116
Schnabel 7, 28, 36, 66, 71, 85, 95, 96, 98, 119, 142, 143, 146
Schnabeltier 112, **117**
Schnecke 55, 77, 89, 99, **118**, 136
Scholle 102, 134
Schopflund 96
Schwalbe 119, 140
Schwan 120
Schwanz 8, 9, 20, 63, 69, 78, 79, 93
Schwarzer Panther 80
Schwein 39, 78, 80, **121**
Schwertfisch 122
Schwertwal 87

See-Elefant 109
Seekuh 123
Seelöwe 50, **109**
Seenadel 124
Seepferdchen 124
Seeschwalbe 125, 140
Seestern 126
Segler 119, 140
Skarabäus 61
Skorpion 73, **127**, 129
Skunk 131
Sperling 128
Spießbock 14
Spinne 68, 73, 127, **129**, 133, 136
Springbock 14
Staaten 10, 17
Stachel 17, 102, 110, 127, 145
Stacheln 23, 59, 78, 110, 130, 145
Stachelschwein 130
Steinbock 155
Stier 108
Stinktier 21, **131**
Stockmaß 100
Storch 36
Strauß 132
Sumpfbiber 13

T

Tarantel 133
Tarnung 20, 25, 26, 33, 34, 46, 102, 121, 124, **134**, 141, 145, 146, 150, 154
Taube 135
Tausendfüßer 136
Teich 12, 16
Tentakeln 72, 83, 104, 142, 145
Termiten 10, 11, 29, 49, 58, 115
Tiefseeangler 102
Tiefseefische 137
Tierkinder 138
Tierlaute 8, 12, 22, 26, 28, 31, 32, 37, 38, 53, 57, 58, 67, 71, 82, 87, 95, 97, 99, 101, 103, 120, 128, 143, 146, 147, 151
Tierschutz 65, 123, **139**, 148
Tierwanderungen 6, 14, 36, 71, 75, 106, 119, 120, 125, **140**, 154
Tiger 65 134, **141**
Tintenfisch 89, **142**, 145
Tölpel 85
Trottellumme 85
Truthühner 54
Tukan 143
Tümmler 22

V

Verständigung 8, 12, 22, 26, 28, 32, **38**, 53, 54, 57, 61, 73, 79, 95, 97, 101, 120, 128, **144**, 146, 147
Verteidigung 8, 17, 18, 19, 20, 23, 30, 35, 41, 45, 49, 53, 59, 66, 70, 88, 89, 91, 114, 115, 124, 125, 127, 130, 131, 132, 133, 138, 143, 142, **145**, 148, 154
Vlies 113
Vögel 28, 32, 36, 40, 44, 54, 65, 66, 71, 80, 88, 95, 99, 101, 119, 120, 128, 129, 132, 143, **146**

W

Wal 68, 87, 139, 140, **147**
Waldkauz 32
Wallaby 63
Walross 148
Wandelndes Blatt 134
Wanderrouten 119, 140
Waran 78
Waschbär 94, **149**
Wasserfloh 68
Weichtiere 89, 136
Wespe 17, 60, 127, 136
Wiesel 150
Wiesenknarre 139
Wildschwein 121
Winterschlaf (Winterruhe) 15, 59, 84, 156
Wirbellose 60, 104, 136, 156
Wolf 18, 26, 56, 106, 144, **151**
Wombat 69
Wurm 21, 40, 117, 136, **152**
Wüstenfuchs 42

Y

Yak 153

Z

Zähne 16, 24, 27, 39, 50, 57, 64, 74, 84, 87, 93, 105, 118, 123, 130, 148, 151
Zebra 82, 138, **154**
Zelle 20, 40, 76, 144, 156
Ziege 155
Zitteraal 6
Zitterrochen 110
Zooplankton 68, 156
Zunge 11, 20, 29, 38, 46, 67, 78, 107, 118, 143

Fotos

Seite 3, 4 Lyndon Parker; 6 Planet Earth Pictures; 8 Tony Stone Images; 10 Lyndon Parker; 12, 14, 15, 16 Oxford Scientific Films; 17 Lyndon Parker; 18, 19, 23, 24 Andy Teare Photography; 26, 27 Oxford Scientific Films; 29, 30 Lyndon Parker; 34 Oxford Scientific Films; 35 Lyndon Parker *o*, Oxford Scientific Films *u*; 37 Oxford Scientific Films; 38 Lyndon Parker; 39 Lyndon Parker *o*, Oxford Scientific Films *m*; 41 Lyndon Parker; 42 Oxford Scientific Films; 43 Planet Earth Pictures; 45, 47 Lyndon Parker; 48, 50, 51 Oxford Scientific Films; 52 Andy Teare Photography; 53 Oxford Scientific Films; 54 Planet Earth Pictures; 56 Planet Earth Pictures *o*, Oxford Scientific Films *mr, ml*; 57, 58 Lyndon Parker; 60 Oxford Scientific Films; 62 Lyndon Parker *o, mr*, Oxford Scientific Films *ml*; 63 Andy Teare Photography *o*, Lyndon Parker *u*; 66, 67, 69 Lyndon Parker; 70 Planet Earth Pictures *o*, Oxford Scientific Films *m*; 72 Lyndon Parker *or*, Andy Teare Photography *ol*; 74 Lyndon Parker; 75 Tony Stone Images *ml*, Oxford Scientific Films *u*; 81, 82 Oxford Scientific Films; 83, 84 Andy Teare Photography; 88, 89 Oxford Scientific Films; 90 Lyndon Parker; 91 Oxford Scientific Films; 92 Lyndon Parker *o*, Eye of Science/Science Photo Library *u*; 94 Oxford Scientific Films; 95 Andy Teare Photography; 97 Planet Earth Pictures; 99 Oxford Scientific Films; 101 Andy Teare Photography *o*, Oxford Scientific Films *ur*; 102 Andy Teare Photography; 103 Oxford Scientific Films; 104 Lyndon Parker; 105 Andy Teare Photography; 108 Lyndon Parker; 110, 112, 113 Oxford Scientific Films; 114 Lyndon Parker *ml, mr*, Oxford Scientific Films *u*; 115 Lyndon Parker; 116 Planet Earth Pictures; 117 Oxford Scientific Films; 118, 122 Lyndon Parker; 124 Oxford Scientific Films; 125 Andy Teare Photography; 126 Lyndon Parker; 127, 128, 129 Oxford Scientific Films; 131, 132, 133 Lyndon Parker; 134 Andy Teare Photography *o*, Oxford Scientific Films *m*; 135, 137, 138 Oxford Scientific Films; 140 Oxford Scientific Films *o*; Planet Earth Pictures *m*; 141 Andy Teare Photography; 142 Planet Earth Pictures; 144 Oxford Scientific Films *m*; Lyndon Parker *u*; 146 Planet Earth Pictures; 147 Andy Teare Photography; 148 Planet Earth Pictures; 149, 152 Oxford Scientific Films; 153 Lyndon Parker; 154, 155 Oxford Scientific Films

Illustrationen

Graham Allen, Norman Arlott, Mike Atkinson, Craig Austin, Peter Barrett, Caroline Bernhard, Robin Bouttell (Wildlife Art Agency), Peter Bull, John Butler, Robin Carter (Wildlife Art Agency), Jim Channel, Dan Cole (Wildlife Art Agency), David Cook, Richard Draper, Brin Edwards, Cecilia Fitzsimons (Wildlife Art Agency), Wayne Ford (Wildlife Art Agency), Chris Forsey, Ray Greenway, Nick Hall, Darren Harvey (Wildlife Art Agency), David Holmes, Steve Howes, Mark Iley (Wildlife Art Agency), Ian Jackson (Wildlife Art Agency), Martin Knowelden, Terence Lambert, Mick Loates, Bernhard Long, Andrew Macdonald, Alan Male (Linden Artists Ltd), David Marshall, Doreen McGuinness, Brian Mcintyre, G. Melhuish, William Oliver, R. W. Orr, Nicki Palin, Bruce Pearson, Andie Peck (Wildlife Art Agency), Bryan Poole, Clive Pritchard (Wildlife Art Agency), John Rignall (Linden Artists Ltd), Steve Roberts (Wildlife Art Agency), Bernard robinson, Eric Robson (Garden Studio Illustrators' Agents), G. Robson, Mike L. Rowe (Wildlife Art Agency), Peter David Scott (Wildlife Art Agency), Guy Smith (Mainline Design), M. Stewart (Wildlife Art Agency), Mike Taylor (Garden Studio Illustrators' Agents), Joan Thompson, Treve Tamblin, Guy Troughton, Wendy Webb, Lynne Wells (Wildlife Art Agency), David Whatmore, Ann Winterbottom, David Wood (Wildlife Art Agency), David Wright, T. K. Wayte (David Lewis Management)

Fotomodelle

Zak Broscombe Walker, Kechet Buckle Zetty, Martha Button, Jennifer Ching, Yazmina Faiz, Ellie French, Jonathan Hodgson, Christopher Jones, Peter Kemp, Ellie Kemp, Daniel MacArthur Seal, Jamie Nazareth, Jack Nazareth, Julia Nazareth, Iynn-ade Odedina, Okikade Odedina, Michael Rego, Rudi Russell, Leila Sowahan